Steps to the Top

정상으로 가는 계단

지그 지글러가 들려주는 열정과 성공의 메시지

정상으로 가는 계단

지그 지글러가 들려주는 열정과 성공의 메시지

지그 지글러 지음 | 서경의 옮김

Zig Ziglar

STEPS
TO THE
TOP

산수야

정상으로 가는 계단

지그 지글러가 들려주는 열정과 성공의 메시지

초판 인쇄   2013년 5월 25일
초판 발행   2013년 6월 1일

지은이   지그 지글러
옮긴이   서경의
발행인   권윤삼
발행처   도서출판 산수야

등록번호   제1-1515호
주소   서울시 마포구 망원동 472-19호
전화   02-332-9655
팩스   02-335-0674

ISBN 978-89-8097-271-5   03300

값은 뒤표지에 있습니다. 잘못된 책은 바꾸어 드립니다.

이 도서의 국립중앙도서관 출판시도서목록(CIP)은 e-CIP 홈페이지
(http://www.nl.go.kr/cip.php)에서 이용하실 수 있습니다.
(CIP제어번호: CIP2013005857)

서문

"좌절"의 순간을 전혀 겪어보지 않은 사람이 과연 몇이나 존재할지, 진지하게 질문을 던져보고 싶다. 그런 순간들을 극복할 수 있는 최상의 방법은 다시금 "일어서는" 것이라고 생각한다. 『정상으로 가는 계단』은 다음과 같은 희망과 믿음, 그리고 확신 속에서 쓰였다. 여러분이 만약 긍정적인 생각을 갖고자 매일 몇 분의 시간이라도 투자할 의지가 있다면, 성공을 위한 큰 힘을 얻을 수 있을 것이다. 이 책을 펴고 한 페이지를 읽음으로써 하루를 위한 힘을 얻을 수도 있고, 여러 편의 성공의 계단을 읽음으로써 새 힘을 얻기 위한 보다 확고한 기초를 다질 수도 있다. 또는 행동 계단을 직접 실천에 옮김으로써 보다 지속적인 효과를 볼 수도 있을 것이다.

이 책을 가장 잘 활용하는 방법은 여기서 제공하는 지침들을 사랑하는 가족이나 직장 동료들과 함께 나누는 것이다. 옛말에 선생이 학생보다 더 많이 배운다는 말이 있다. 이는 주는 사람이 받는 사람보다 진정 더 큰 유익함(힘)을 얻는다는 말이다. 『정상으로 가는 계단』은 단순히 여러분에게 그러한 힘(유익함)만 주는 것이 아니라, 여러분이 다른 사람에게 힘을 줄 수 있는 사람이 되도록 도와주기 위해 쓰인 책이기도 하다. 그래서 이 책의 정보를 다른 사람들과 나누기를 강력하게 권고한다.

지금 바로 이 책을 들어 성공을 향한 계단들을 진심으로 파고들기 바란다. 아침에 일어나면 하루의 시작으로 제일 먼저 몇 페이지를 읽고, 밤이 되면 하루의 마감으로 다시 또 몇 페이지를 읽어 보아라. 이 책을 다 읽고 난 다음에는 다시 처음부터 반복함으로써 더 큰 효과를 얻게 된다.

나는 여러분이 처해 있는 특정 상황에 대해서는 알지 못하지만, 이 책에 기록된 사례의 주인공들이 여러분보다 훨씬 더 열악한 상황을 겪었을 것이라 생각한다. 그러나 그들은 생각, 신념, 행동을 바꿈으로써 그 어려움을 극복할 수 있었다. 그와 같은 생각, 신념, 그리고 행동의 많은 부분들이 여러분에게도 큰 도움이 될 것이다. 그러므로 부지런히, 적극적으로, 『정상으로 가는 계단』과 함께 앞으로 나아가라. 그러면 우리는 모두 "정상에서 만나게" 될 것이다.

감사의 말씀

온 세상을 향하여 감사의 마음을 전한다는 것은 정말 어려운 일이다. 내 조국에 감사하는 것조차도 쉬운 일은 아니다. 그러나 나는 이 책에서 그런 감사의 마음을 담았다. 먼저 자유와 자유시장 경제라는 기회를 통해 이 책을 쓸 수 있게 해 준 나의 조국에게 정말 고맙게 생각한다. 그리고 나와 내 라디오 방송의 수많은 청취자에게 큰 깨달음의 기회를 준 모든 사연의 주인공들에게도 감사의 마음을 전한다. 그들이 나누어 준 소중한 삶의 체험들이 이 책의 큰 자양분이 되었다.

정말 특별한 감사를 드리고 싶은 분들이 몇 분 있는데, 먼저 지그 지글러 기업의 기업 훈련 담당 부서의 책임자인 짐 새비지가 있다. 짐은 나와 함께 여러 자료를 수집하고, 정리하며, 교정을 보는 일을 열심히 도와주었다. 또한 행동 계단(Action Steps)에 대해서 매우 유용하면서도 구체적인 제안을 해 주었는데, 그의 도움이 없었다면 이 책이 지금의 모습을 갖추는 것은 힘들었을 것이다.

그리고 이 책에 좋은 사례들을 제공해 준 스티븐 더글러스 윌리포드, 그레이디 제임스 로빈슨, 그리고 닐 갤러거 박사님께도 감사드린다. 이 분들의 연구 자료는 이 책의 소중한 자산이 되었다. 그 소중한 도움에 정말 감사드린다. 독자들에게 정말 유용한 내용이 될 것이라 믿는다.

마지막으로, 지칠 줄 모르는 열정으로 원고를 타이핑 해 준 로리 다우닝에게 고마운 마음을 전한다. 이제는 이런 일에 익숙해질 만도 하지만, 그녀의 기술은 여전히 경이롭기만 하다. 그녀의 빠르고도 정확한 타자 실력, 그리고 무엇보다도 나를 도와주려는 그 정신은 내가 이 책을 쓰고, 출판하는 데 커다란 힘이 되었다.

또한 이 책의 출간에 도움이 되어준 다른 직원들에게도 감사드린다. 마지막으로 사랑하는 가족, 특히 지난 37년간 내 곁을 지켜준 아내, 빨간 머리에게 감사의 마음을 전한다. 『정상으로 가는 계단』뿐 아니라 내가 하는 다른 모든 일들이 열매를 맺을 수 있었던 것은 그녀가 변함없는 사랑과 감동으로 내 곁을 지켜 준 덕분이다.

Steps to the Top

차례

Attitude

Attitude

태도
삶에 있어 중요하고도 결정적인 요소는 우리에게 닥치는 일들이 아니라,
그 일들을 받아들이는 우리의 태도이다.

Choosing 선택

Courage 용기

Goals 목표

How To 방법

Love 사랑

Perseverance 인내

······ 열등감
Inferiority

우리는 모두 살면서 자기 자신에게 실망하기도 하고 낙심하기도 한다. 고(故) 맥스웰 몰츠 박사는 다음과 같이 말했다. "적어도 95퍼센트의 사람들이 자신이 열등하다고 생각한다." 그렇게 많은 사람이 자신의 삶, 외모, 기술과 능력이 남들보다 뒤떨어진다고 느끼는 이유는 우리가 텔레비전에 나오는 가상 세계의 영웅들과 우리 자신을 끊임없이 비교하기 때문이다.

모든 십 대 소녀는 자신의 외모가 "10"점 만점을 받지 않으면, 결코 친구들에게 인정받지 못할 것이라고 느낀다.

모든 십 대 소년은 톰 셀렉(T. Selleck, 미국 7, 80년대 인기 영화배우 – 옮긴이)과 조 타이즈만(J. Theismann, 미국 프로풋볼 선수 – 옮긴이)을 합쳐놓은 듯한 인물이 되어야만 할 것 같은 압박감을 느낀다.

모든 아버지는 사업에 성공하지 않으면 좋은 아버지가 될 수 없는 것처럼 느낀다.

우리의 문제점은 우리 자신을 다른 사람들과 비교하는 잘못을 저지른다는 사실이다. 여러분은 여러분 자신일 뿐이며, 다른 어떤 사람과도 비교할 필요가 없다. 여러분은 그 어떤 사람보다 열등하지도 우월하지도 않다. 하나님께서는 우리 모든 사람을 각각 고유하고 특별하게 창조하셨다. 여러분의 성공은 여러분 자신과 남을 비교함으로써 결정되는 것이 아니다. 오히려 성공은 여러분의 성취와 여러분의 잠재력을 비교함으로써 결정되는 것이다. 매일의 삶 속에서 여러분에게 주어진 능력을 최대한으로 발휘할 때, 여러분은 "최고"가 되는 것이다.

행동 계단

• 나는 오늘 나 자신이 특별하며 고유한 존재라는 것을 깨닫고, 다른 사람의 재능을 부러워하는 대신에 나의 재능을 맘껏 사용할 것이다.

• 나는 오늘 _____ 할 것이다.

*

우리는 왜 다른 사람을 판단할 때 그들의 행동을 근거로 삼으면서, 우리 자신을 판단할 때는 이상적인 잣대를 갖다 대는 것일까?

······ 비판
Criticism

데이비 크로켓은 단순한 좌우명이 하나 있다. "옳은 길에 서라, 그리고 앞으로 나아가라." 모든 성공한 사람들과 마찬가지로, 우리는 모두 비판을 받을 때가 있다. 여러분이 어떤 분야에서 일하고 있든지 간에, 성공할수록 더 많은 비판을 받게 될 것이다. 아무런 시도도 하지 않는 사람만이 비판으로부터 영원히 자유로울 뿐이다.

사실 비판을 받는다는 것, 그 자체는 여러분이 그것을 잘 다룰 수만 있다면 문제가 되지 않는다. 윈스턴 처칠은 다음과 같은 에이브러햄 링컨의 말을 액자에 담아 벽에 붙여 놓았다. "나는 내가 할 수 있는 최선을 다하며 끝까지 포기하지 않는다. 만약 그 결과가 좋다면, 나에 대한 비난은 전혀 신경 쓰지 않는다. 그러나 만약 내 생각이 틀린 것이라면, 열 명의 천사가 나를 두둔한다 할지라도 아무 소용이 없을 것이다." 처칠은 생전에 많은 비판을 받았고, 링컨도 생전에 가차 없는 비판을 받았다. 오늘날 대부분의 공직자들도 크게 다르지 않다. 오직 위대한 용기가 있는 사람만이 비판가들의 신랄한 공격에도 자기가 옳다고 믿는 것을 추진해 나갈 수 있다.

이 세상에 아무리 많은 물이 있다고 할지라도, 배 안으로 물이 넘쳐 들어오지 않는 한 여러분의 배는 절대 가라앉지 않는다는 사실을 명심하라. 그 모든 물 위에 당당히 떠 있어라. 옳은 길에 서라. 그리고 여러분의 신념을 확고하게 따르라. 만약 여러분이 그렇게 한다면, 우리는 정상에서 만날 것이다!

행동 계단

- 나는 오늘 비판을 맞닥뜨리게 된다면, 에이브러햄 링컨의 말을 되새길 것이다. 그리고 모든 비판 위에 당당히 설 것이다.
- 나는 오늘 _____ 할 것이다.

*

반대를 두려워하지 마라. 연은 바람을 등에 업는 것이 아니라, 바람에 맞서서 솟아오른다는 사실을 기억하라.

— 해밀턴 마비

유머 감각
Humor

······ 유머 감각

올바른 태도에 유머 감각을 곁들인다면, 여러분도 맬 핸콕(M. Hancock)
이 이룬 것을 해낼 수 있다. 맬은 사고로 하반신 마비라는 인생의 시련
과 맞닥뜨리게 되지만, 그 비극을 희극으로 바꾸었다. 맬은 고교 시절에
촉망받는 육상 선수였는데, 불의의 사고로 하반신이 마비되었다. 그는
정신적, 육체적 재활을 위해 눈물겨운 나날을 보내야만 했다.

맬이 겪었던 것처럼, 인생이 순탄하리라는 보장은 없다. 때로는 힘겨
운 일들을 맞닥뜨려야만 할 때가 반드시 있을 것이다. 하지만 여러분이
그런 예기치 못한 상황을 유머와 낙관주의로 극복한다면, 여러분 또한
정상에 오를 수 있을 것이다. 맬이 병원에 입원해 있는 동안, 주위의 사
물들을 그리기 시작했다. 새벽 세시에 약 먹으라고 잠을 깨우는 간호사
에 대해 불평을 늘어놓는 대신, 그는 그것을 소재로 유머가 담긴 만화를
그렸다. 곧 병원의 모든 간호사가 맬이 그리는 만화를 보기 위해 그를

찾게 되었다.

그 후 오래지 않아 그는 만화 한 편을 잡지사에 팔게 되었다. 그 한 편의 만화로 그는 성공적인 만화가로서의 첫발을 내딛게 되었다. 오늘날 맬 핸콕의 만화는 『새터데이 이브닝 포스트』(Saturday Evening Post)와 『TV 가이드』에 연재되고 있다. 공교롭게도 그의 첫 만화책의 제목은 여러분의 예상대로 『병원 유머』(Hospital Humor)였다.

맬은 우리 모두에게 적용될 수 있는 중요한 교훈을 배웠다. 하반신 마비처럼 여러분이 어찌할 수 없는 상황에 놓이게 될 때, 여러분은 그 상황에 대한 여러분의 태도를 결정할 수 있다.

행동 계단

- 나는 오늘 사람들과 함께 최대한 자주 웃을 것이다. 내 가족과 사업에 대해서는 신중하게 처신하겠지만, 나 자신에 대해서는 너무 지나치게 심각해지지 않을 것이다.
- 나는 오늘 _____ 할 것이다.

*

어쩌면 인간은 주위의 환경을 개조한 후에야 비로소 자기 자신의 개조를 시작하는 존재인지도 모르겠다.

— 윌 듀랜트

······ 믿음
Belief

목표에 대한 강렬한 믿음은 이 땅에 존재하는 가장 강력한 힘 중 하나다. 잔 다르크라는 양치기 소녀는 열두 살의 나이에 자기가 앞으로 프랑스의 군대를 이끌고 영국과 싸우게 되리라는 믿음을 갖고 있었다. 그녀가 가진 믿음의 강렬함은 압도적이었다. 열일곱 살 때, 그녀는 샤를 왕세자 앞에 나아가 자신의 믿음에 대해서 설명했다. 크게 감동한 왕세자는 그녀에게 갑옷과 군대를 하사했다. 잔 다르크는 거의 불가능하게 여겨지던 오를레앙 요새의 봉쇄를 성공적으로 함락했다.

다시 말하자면, 대의나 목표에 대한 강렬한 믿음은 이 땅에 존재하는 가장 강력한 힘 중 하나다. 아무리 가능성이 희박해 보이고 장애물이 난공불락처럼 보일지라도, 믿음은 우리에게 길이 있다고 말한다. 여러분의 믿음과 목표를 위한 갑옷은 청진기, 타자기, 또는 마이크의 형태를 취할 수도 있다. 여러분의 칼은 인내, 이타심, 또는 불굴의 태도일 수 있다.

나는 성공이 평범한 사람들의 '비범한' 결심으로 이루어진다고 믿는다. 그래서 결코 성공이 쉬울 것이라고 말하지 않겠다. 정말 가치 있는 성취는 대개가 쉽지 않은 법이기 때문이다.

행동 계단

- 나는 오늘 이 땅의 가장 강력한 힘, 즉 나의 믿음을 증폭시킬 것이다. 내가 믿는 것이 내 삶의 신체적, 정신적, 영적인 영역에서 정말 중요한 요소가 되도록 자세히 검토할 것이다.
- 나는 오늘 _____ 할 것이다.

*

자신의 믿음대로 살지 않는 사람은 그 믿음이 참된 것이라고 할 수 없다.

— 토머스 풀러

······ 재능
Talent

틸다 켐플렌은 테네시 주 동부의 거친 산골에서 자랐으며, 지금도 거기에서 살고 있다. 그녀는 8학년까지 교실이 하나뿐인 학교에 다녔는데, 진학할 고등학교가 없었기 때문에 8학년을 1년 더 다녔다. 나중에 감리교에서 운영하는 미션 스쿨의 요리사가 된 그녀는 다시 학교로 돌아가기로 굳게 결심했다. 그래서 서른세 살의 나이에 고등학교에 입학했는데, 그때 그녀에게는 남편과 세 아이가 있었고, 돌보아야 할 가정과 요리사라는 직업이 있었다. 그녀는 5년 후에 고등학교를 졸업했고, 이후에 대학에서 초등 교육을 전공으로 학위를 받았다.

틸다는 산골 아이들이 자기가 겪었던 어려움을 겪지 않게 도와주고 싶었다. 아이들을 위한 교육 프로그램을 만들고 싶었지만, 필요한 건물도 재정도 없었다. 그래서 그녀는 시간을 내서 자원봉사로 들판에서 아이들을 가르쳤다. 이후에 그녀는 기금을 조성해서 어린이 개발 센터를 건립했고, 실업률이 26퍼센트에 달하던 시대에 600여 명의 직원을 고용할 수 있었다. 최근에 그녀는 워싱턴에서 사회봉사 공로로 제퍼슨(Jefferson)상을 수상하면서 다음과 같이 말했다. "누구에게나 재능이 있습니다. 만약 내가 할 수 있다면 여러분도 할 수 있습니다."

생각해 보라. 여러분의 삶을 통한 성취는 환경에 달린 것이 아니라, 그 환경을 여러분이 어떻게 요리하느냐에 달려 있는 것이다.

행동 계단

- 나는 오늘 내게 없는 것보다는 내게 있는 것이 무엇인지를 더 많이 고민할 것이다.
- 나는 오늘 _____ 할 것이다.

*

우리의 삶에서 중요한 것은 남들보다 앞서는 것이 아니라, 나 자신보다 앞서 나가는 것이다.

— 스튜어트 B. 존슨

······ 부정직
Dishonesty

최근 법무부의 한 산하 기관은 산업 현장에서 일어나는 부정직에 관해 3년에 걸쳐 실시된 실태 조사의 결과를 발표했다. 국립 법무 연구원장 제임스 K. 스튜어트는 보고서의 내용을 토대로 피고용인들의 공공 물품 절도(盜用)에 의한 경제적 손실이 연간 50에서 100억달러에 이른다고 말했다.

이보다 더 심각한 것은 직장에 널리 퍼진 "시간을 훔치는" 행위이다. 즉, 늦게 출근하거나 일찍 퇴근하기, 커피, 흡연, 점심시간을 지나치게 길게 갖기, 사적인 통화하기 등을 통해서 화이트칼라 노동자가 훔치는 시간이 주 평균 4시간 18분에 이른다고 한다. 또한, 많은 직장인이 병가를 악용하며, 근무 중에 술과 약물을 복용하기도 한다.

『아메리칸 헤리티지』(American Heritage) 사전은 "정직하다"(honest)를 다음과 같이 정의한다. "전적으로 참된, 성실한, 존경할 만한, 거짓말하지 않는, 속이지 않는, 부당한 이익을 취하지 않는."

여러분이 부정직하다면, 결코 진정한 성공은 이룰 수 없다. 윈스턴 처칠은 이렇게 말했다. "정직한 것은 중요하다. 하지만 올바른 것도 역시 중요하다." 고용주의 시간을 훔치는 것은 금전 출납기에서 돈을 훔치는 것만큼이나 "올바르지" 않은 일이다. 진부한 이야기처럼 들릴지 모르지만, 다음의 경구는 여전히 변함없는 사실이다. 정직은 단지 최선의 방책이 아니라, "유일한" 방책이다.

행동 계단

- 나는 오늘 아무리 힘들더라도 옳은 일을 할 것이다.
- 나는 오늘 _____ 할 것이다.

＊

부정직한 이득보다는 손해가 낫다. 후자는 잠시 힘들 뿐이지만, 전자는 영원한 후회를 안겨주기 때문이다.

— 킬론(Chilo)

······ 따르는 자들
Followers

우리는 지도자가 절실히 필요하다. 하지만 따르는 사람 역시 중요하다는 것을 보여 주는 좋은 사례가 있다.

S. I. 맥밀런의 책 『이런 질병의 근절』*(None of These Diseases)*을 보면, 대학 진학을 꿈꾸는 한 소녀의 이야기가 나온다. 그녀는 대학 입학 지원서를 작성하다가 한 문항을 보고는 가슴이 철렁 내려앉았다. 다음과 같은 질문이었다. "당신은 지도자입니까?" 정직하고 양심적이었던 그녀는 솔직하게 "아니요"라고 기입하고 원서를 보냈지만, 크게 기대는 하지 않았다.

그러나 놀랍게도 그녀는 대학으로부터 이런 편지를 받았다. "지원자 분께: 지원서를 분석해 본 결과, 올해 우리 대학은 1,452명의 새로운 지도자들을 신입생으로 받게 될 것 같습니다. 우리가 귀하를 받아들이는 이유는 최소한 한 사람이라도 따르는 사람이 필요하다고 생각했기 때문입니다."

맥밀런 박사는 이렇게 말했다. "정말 슬픈 현실이다. 우리는 마치 경주용 자동차처럼 서로 경쟁하고, 일등이 되려는 욕심 때문에 다른 사람과 나 자신에게 끼치는 상처에 대해서는 무감각해져 버렸다."

어떤 사람이 이렇게 기도했다. "주님, 제가 저만 생각하면서 모든 주제에 대해서 제 의견만 고집하지 않도록 지켜주십시오. 저의 방대한 지혜를 사용하지 않는 것은 정말 슬픈 일이겠지만, 주님 결국 제게도 친구가 필요하다는 것을 주님도 아십니다."

지도자가 되는 한 가지 방법은 다른 지도자들을 연구하고, 그들의 모범을 따르는 것이다.

행동 계단

• 나는 오늘 좋은 지도자들의 모범을 따를 것이다. 그래서 내게 다른 사람들을 인도할 기회가 주어질 때를 잘 대비할 것이다.

• 나는 오늘 ＿＿＿＿＿＿＿＿＿＿＿＿＿＿＿＿＿ 할 것이다.

*

다른 사람을 섬겨보지 않은 자는 다른 사람을 이끌 수 없다.

— 존 플로리오

……설득
Persuasion

최근에 예일대학 연구팀은 유능한 세일즈맨들이 오래전부터 경험적으로 알고 있는 사실에 대한 연구 결과를 발표했다. 피험자들의 외모, 성격, 태도와 다른 사람에게 미치는 영향력의 상관관계에 대한 수 주간의 실험 끝에 예일대학 연구진은 미소가 다른 사람에게 영향을 미치는 가장 강력한 단일 요소라는 것을 밝혀냈다. 그것은 좋은 소식이다. 왜냐하면, 우리는 언제나 다른 이에게 미소를 보낼 수 있기 때문이다.

그러나 만약 여러분이 다른 사람의 행동을 이끌어 낼 정도로 영향력을 미치고 싶다면, 단순히 미소를 짓는 것만으로는 부족하다. 예를 들면, 여러분은 여러분의 메시지를 이해하기 쉽고 믿음이 가게끔 전달해야 한다. 만약 여러분이 어떤 계약을 성사시키고 싶다면, 전문가들은 여러분이 그 메시지를 최소한 세 번 이상 반복해야 한다고 말한다. 그러나 상대방이 같은 얘기가 반복된다는 인상을 받아서는 안 된다고 한다. 다시 한 번 강조하자면 여러분은 분명한 의사 전달을 위해서 최소한 세 번 이상 메시지를 반복해야 한다. 반복이야말로 배움의 어머니이며 강력한 도구이다.

마지막 요점 역시 간단한데, 대부분 사람이 오래전부터 알고 있는 것이다. 다른 사람에게 영향을 미치는 데 가장 중요한 세 번째 요소는 진정성과 정직이다. 진정성과 정직이 중요하다는 것을 증명하기 위해서 대학 연구가 필요한 것은 아니다.

여러분이 물건을 팔든, 직장을 구하든, 아니면 학교 교육의원에 출마하든지 간에, 따뜻하고 친절한 미소, 꾸준한 메시지, 그리고 진정성과 정직이 더해진다면, 그런 설득을 거부한다는 것은 쉬운 일이 아니다.

행동 계단

- 나는 오늘 만나는 모든 사람에게 진정한 마음으로 미소를 지을 것이다.
- 나는 오늘 꾸준함과 정직을 결합할 것이며, 그렇게 함으로써 성공할 것이다.
- 나는 오늘 _____ 할 것이다.

*

여러분 자신이 좋은 사람이 되어야 다른 사람을 더 잘 도울 수 있다.

— 휴 R. 호웨이스

······ 한계
Limitations

선생님들로부터 "총명하지 못하며, 둔하고, 비현실적"이라는 평가를 받았으며, 대학을 중퇴해야 했던 한 청년이 있었다. 그는 이런 부정적인 평가 속에서도 스무 살이 되기 전에 회전식 증기 엔진의 특허를 따냈다. 그의 다음 발명품은 궤도를 이탈한 기차의 바퀴를 원위치하는 장치였는데, 미국 내 거의 모든 철도회사들이 이 발명품을 사들였다. 그는 평생 4백여 건의 발명품에 대한 특허를 냈고, 필적할 상대가 거의 없을 만큼 거대한 기업을 일구었다.

그는 말년에 몸이 불편하게 되었지만, 휠체어를 타고 다니면서 여러 발명 프로젝트를 계속 추진했다. 그의 임종 곁에는 그의 마지막 프로젝트였던 전동 휠체어 설계도면들이 있었다고 한다.

"비현실적이며 둔한 아이"라는 꼬리표가 붙었던 그 소년의 이름은 조지 웨스팅하우스이다. 그는 자신에 대한 주위 사람들의 부정적인 평가를 받아들이지 않았고, 대신에 역사상 가장 부유하며 창조적인 삶을 산 사람 중의 한 사람이 되는 길을 선택했다. 여러분도 다른 사람들이 여러분의 능력을 부정적으로 평가한다 할지라도, 여러분 자신을 믿고 목표를 향해 매진하는 길을 선택하기 바란다.

행동 계단

- 나는 오늘 나의 능력을 제한시키는 부정적인 의견을 받아들이지 않을 것이다.
- 나는 오늘 ＿＿＿＿＿＿＿＿＿＿＿＿＿＿＿＿＿＿ 할 것이다.

*

천재는 1퍼센트의 영감과 99퍼센트의 노력으로 만들어진다.

— 토머스 A. 에디슨

······ 도전들
Challenges

톰 뎀프시는 뉴올리언스 세인츠를 위해 63야드 필드골을 성공시켰다. 그것은 미식축구(NFL) 역사상 가장 먼 장거리 필드골 중 하나이다. 그 자체로도 대단한 기록이지만, 이 위업이 더욱 감동을 주는 이유는 필드골을 성공시킨 톰의 오른발의 크기가 왼발의 절반밖에 되지 않는다는 사실 때문이다. 그는 날 때부터 오른발에 발가락이 하나도 없었다.

톰은 자신이 신체적 장애를 극복할 수 있었던 것은 전적으로 부모님 덕분이었다고 말한다. 그는 이렇게 말한다. "나는 운이 좋았습니다. 나의 부모님은 나의 신체적 문제 때문에 내게 한계를 정하지 않았습니다. 신체 능력 검정을 받게 되었을 때도, 결코 내가 할 수 없다는 말씀을 하지 않았습니다. 나는 장애가 도전해야 할 대상이지, 변명이 될 수 없다는 것을 배웠습니다. 그래서 어릴 때부터 무엇을 하기로 결정을 하든지 간에, 그것을 시도했습니다." 만약 여러분도 톰처럼 "나는 할 수 있다"

는 태도를 견지한다면, 삶의 도전이 닥쳐올 때 실패를 두려워하는 이들에 비해서 훨씬 유리한 싸움을 할 수 있을 것이다.

왈리 파이퍼의 어린이 고전 『넌 할 수 있어, 꼬마 기관차』 *(The Little Engine that Could)*는 고장으로 멈춰선 화물차를 산 너머로 끌어달라는 부탁을 받은 파란 꼬마 기관차에 관한 이야기다. 그 기차는 한 번도 산을 넘어본 적이 없었지만, 자기가 할 수 있을 거라고 생각했으며, 그렇게 믿었고 결국 해낼 수 있었다. 우리는 모두 나름의 장애가 있다. 그러나 톰의 반쪽짜리 발은 그가 수백 개의 필드골과 63야드의 필드골을 성공시키는 것을 가로막지 못했다. 여러분도 자신의 장애와 문제를 변명거리가 아니라 도전으로 받아들이기 바란다.

행동 계단

- 나는 오늘 오직 긍정적인 "자기 암시"만 할 것이다. 꼬마 기관차처럼, "나는 할 수 있어"를 내 좌우명으로 삼을 것이다.
- 나는 오늘 _____ 할 것이다.

*

자기가 하려고 하는 일에 한계를 정하는 사람은, 자기가 할 수 있는 것에 한계를 정하는 것이다.

— 찰스 M. 슈워브

······ 성장
Growth

고등학교 시절 마른 체구에 병치레가 잦았던, 전형적인 "약골" 소년이 있었다. 그는 굵은 뿔테 안경을 썼고, 발바닥 지지대와 어깨 보호대를 착용했다. 그는 자신의 외모가 너무나 부끄러워서 결국 고등학교를 자퇴하고 말았다.

그의 미래는 암울해 보였다. 그러던 어느 날 그는 헬스에 관한 강의를 듣게 되었고, 과거와는 다른 미래를 만들어 보겠다는 결심을 했다. 그래서 그는 매일 두 시간씩 운동을 시작하게 되었다. 정크 푸드를 먹던 식습관도 고쳤다. 서서히 그의 외모, 자아상, 그리고 미래가 변하기 시작했다. 변화로 자신감을 얻은 그는 결국 미국에서 가장 최초로 전문 헬스 센터를 시작한 사람 중 한 사람이 되었다. 그는 캘리포니아 주 오클랜드 시에서 직접 가정들을 방문하며 자신의 새로운 사업을 홍보했다.

그 후로 47년 동안 그는 운동을 보급해왔다. 그는 미국 내뿐 아니라 세계적으로 유명 인사가 되었다. 많은 이들에게 그는 "운동 아저씨"로 알려져 있다. 이제 그는 개인 체육관을 소유하고 있으며, 8만 달러짜리 차를 몰고 다닌다. 그는 자신의 성공이 청소년기에 인생의 방향을 새롭게 정한 덕분이라고 말한다. 그의 이름은 잭 라레인(J. LaLanne)이다.

잭 라레인은 인생의 방향을 바꾸는 것이 결코 쉬운 일은 아니었다고 고백한다. 그것은 여러분에게도 쉬운 일은 아닐 것이다. 하지만 여러분의 미래는 과거와 완벽히 달라질 수 있다. 그 변화는 여러분에게 달렸다.

행동 계단

- 나는 오늘 내 운명에 대해서 스스로 책임을 질 것이다.
- 나는 오늘 _____ 할 것이다.

*

사람은 자기 자신을 받아들이며 살아야 한다. 그리고 늘 좋은 친구들과 어울리도록 노력해야 한다.

— 찰스 E. 휴스

······ 일관성
Consistency

아이를 키우면서 벌을 준다든가 집안일을 시킬 때, 또는 여가를 보내거나 가치관을 확립시키는 문제에 있어 훈육의 일관성은 매우 중요하다. 기독교 심리학자인 헨리 브란트(H. Brandt)는 '부모가 자녀를 교회에 다니게 해야 하는가' 라는 질문에 대해 "그렇다"고 대답했다. 브란트 박사는 아이가 아플 때 아이의 의사와는 상관없이 병원에 데리고 가는 것이 아이를 위해 당연한 일인 것처럼, 교회에 데리고 가는 것도 마찬가지라고 설명한다.

"의외인가? 왜 그렇게 생각하는가? 여러분은 아이가 아침에 일어나서 이제부터 학교에 다니지 않겠다고 말하면 뭐라고 대답하는가? 또는 '목욕하지 않을래요' 라고 말할 때는 뭐라고 대답하는가? 아이들은 목욕을 해야 한다. 그렇지 않은가?

그렇다면 왜 아이들의 영적인 문제에 대해서만 유독 자신감이 없는

가? 여러분은 아이들이 커서 스스로 다닐 교회를 결정할 수 있을 때까지 기다릴 참인가? 말도 안 된다. 여러분은 아이들이 자라서 세수할지 말지를 스스로 결정할 때까지 기다리지 않는다. 여러분은 아이가 아플 때 약을 먹을지 말지를 스스로 결정할 수 있을 때까지 기다릴 것인가? 그렇다면, 아이가 교회에 다니고 싶지 않다고 말할 때 뭐라고 대답하겠는가? 그 대답은 너무나 분명하다. 일관성을 유지하라."

벌주기, 가사일 참여, 여가시간 활용, 가치관 등의 문제에 있어서 부모가 훈육의 일관성을 유지하고 모범을 보이는 것이 정말 중요하다. 훈육을 통해서 얻게 되는 가장 중요한 것은 아이들의 가치관 확립이다. 심리학자 제임스 돕슨은 다음과 같이 말한다. "가치관은 말로써 가르치는 것이 아니다. 그것은 일관된 행동을 보여 줌으로써 스스로 습득하게 하는 것이다."

행동 단계

- 나는 오늘 사람들을 상대할 때 일관된 모습을 유지할 것이다.
- 나는 오늘 _____ 할 것이다.

*

모든 어린이는 착하게 태어난다.

— 파머스톤 경

······ 걱정
Worry

여러분은 걱정을 많이 하는 편인가? 현대의 미국인들은 그 어느 때보다 사소한 일들에 대한 걱정거리를 잊어버리기 위해 많은 약을 복용하고 있다. 왜 걱정이 여러분의 적인지 아는가? 걱정은 여러분을 파괴하기 때문이다. 찰스 메이오(C. Mayo) 박사는 다음과 같이 말한다. "걱정은 순환계와 신경계에 나쁜 영향을 미친다. 개인적으로 과로사를 본 적은 없지만, 지나친 걱정으로 사망한 경우는 많이 보았다."

심리학자들은 우리의 걱정거리 중 40퍼센트는 절대 일어나지 않을 일들이며, 30퍼센트는 이미 일어난 일들이라고 말한다. 또한, 12퍼센트는 건강에 대한 근거 없는 염려 때문이며, 10퍼센트는 아무런 의미 없는 일상의 짜증 때문이라고 한다. 내 계산이 맞는다면, 진정한 걱정거리는 8퍼센트 밖에 되지 않는 셈이다. 다른 말로 하면, 미국들이 걱정하는 것 중 92퍼센트는 전혀 걱정할 이유가 없는 것들이라는 말이다. 만약 찰스 메이오 박사의 말이 옳다면, 쓸데없는 걱정이 우리를 죽이고 있는 셈이다.

이렇게 해 보라. 여러분이 어떻게 할 수 없는 일에 대해서는 걱정하지 말고, 대신 그 에너지를 긍정적이고 생산적인 일에 투자하라. 현재 여러분의 삶이 마음에 들지 않는다면, 그것에 대해 걱정하고 염려하는 대신 무언가 생산적인 일을 해 보라. 걱정은 줄이고 행동을 늘려 보라. 의미 없이 흔들거리는 흔들의자처럼, 걱정은 여러분의 삶에 전혀 도움이 되지 않는다.

행동 단계

- 나는 오늘 나의 가장 큰 걱정거리 10가지를 꼽아본 다음, 메이오 박사의 말에 비추어 볼 것이다.
- 나는 오늘 _____ 할 것이다.

*

걱정은 거짓 신을 섬기는 것이다.

— 잭 엑섬

······ 햇살
Sunshine

워딩턴 산업(Worthington Industry)은 28년 전에 존 매코널(J. McConnell)이 창업한 기업이다. 이 회사는 그동안 눈부신 성장을 거듭했고, 오늘날 매출액이 5억 달러에 이른다.

매코널의 성공 비결을 배우기 위해 많은 기업인들이 수시로 그의 공장을 방문한다. 매코널은 그의 기업 운영 방침을 다음과 같은 황금률로 요약한다. "남에게 대접을 받고자 하는 대로 너희도 남을 대접하라." 즉, 내가 대접받고 싶은 만큼 상대방을 대접하라는 것이다.

매코널은 이렇게 말한다. "우리 회사는 황금률을 따르는 회사입니다. 나는 모든 사람이 그 원칙대로 살아야 한다고 생각합니다. 쉬운 일은 아니겠지만, 입장을 바꿔서 상대방의 형편에서 생각해 보는 것입니다. 그러면 모든 문제가 사라질 것입니다." 바로 그 단순한 철학 때문에 워딩턴이 성공을 거둔 것이다. 주식투자자들이 철강주를 팔아치울 때도, 워딩턴주를 가지고 있는 사람들은 팔지 않는 이유가 거기에 있다.

나는 매코널의 기업철학에 찬사를 보낸다. 바로 그 철학이 남녀와 개인, 기업을 막론하고 가장 건전한 철학이라고 믿는다. 다른 사람이 원하는 것을 얻을 수 있도록 여러분이 최선을 다해 도와준다면, 여러분 역시 원하는 것을 얻을 수 있을 것이다.

행동 단계

- 나는 오늘 내가 대접받고 싶은 대로 내 가족, 직장 동료, 그리고 남들을 대접할 것이다.
- 나는 오늘 _____ 할 것이다.

*

다른 사람의 삶에 햇살을 비추는 사람은 자기의 삶 역시 햇살 속에 머물게 된다.

— 제임스 M. 배리

······ 정직
Honesty

존 몰리는 대학교 졸업식에서 연설하기 위해 영국에서 캐나다까지 건너간 적이 있다. 그는 다음의 말로 연설을 시작했다. "나는 옳고 그름의 차이가 있다는 것을 여러분에게 말해 주기 위해 4천마일을 건너왔습니다."

만약 어떤 사람이 20만달러짜리 집을 소유하고 있으면서도 탈세로 감옥에 가게 된다면, 그는 옳고 그름의 차이를 알지 못하는 사람이다. 만약 어떤 아내가 남편에게 정조를 약속해놓고 그 신뢰를 깨뜨린다면, 그녀는 옳고 그름의 차이를 알지 못하는 사람이다. 만약 어떤 부모가 아이들을 시켜서 방문 판매원에게 부모가 집에 없다고 거짓말을 하게 만든다면, 그 부모는 옳고 그름의 차이를 알지 못하는 사람이다. 만약 어떤 아들이 자동차를 학교에 다녀오는 데만 쓰겠다고 약속해놓고 그 약속을 어긴다면, 그는 옳고 그름의 차이를 알지 못하는 사람이다. 만약 어떤 소녀가 데이트에 대해서 부모에게 거짓말을 한다면, 그녀는 옳고 그름의 차이를 알지 못하는 사람이다.

『중혼 회사』*(Corporate Bigamy)*의 저자 모티머 파인버그 박사는 포춘지 선정 500대 기업의 최고 경영자 100명과 인터뷰를 했다. 이들은 '정직하지 않고도 정상에 오를 수 있으며, 그 자리를 지킬 수 있다고 생각하는 사람은 바보'라고 말했다. 그것은 매우 과격한 표현이지만, 정확한 지적이다.

참되고 정직한 삶을 세워나가려면, 옳고 그름의 차이를 알아야 한다.

행동 단계

- 나는 오늘 잠깐의 불편을 감수하고서라도 옳다고 생각하는 것을 실천할 것이다.
- 나는 오늘 _____ 할 것이다.

*

그 누구도 어떤 법을 지킬 것이며, 어떤 법을 시행할 것인지를 스스로 결정할 권리는 없다.

— 허버트 후버

······ 용기
Courage

평범한 고등학교 풋볼 수비수가 다섯 경기에서 네 개의 가로채기를 성공한다면 꽤 좋은 성적이라고 할 수 있다. 랜디 워터스(R. Waters)의 경우에는 놀라운 성적이라고 할 만하다. 거기에다 평균 40야드의 펀트와 추가 득점을 더해야 한다. 또한 랜디는 학교 테니스팀의 복식팀 에이스이며, 단식팀의 2인자이기도 하다. 그런 왕성한 스포츠 활동을 했지만, 그는 평균 A⁻의 학업 성적을 유지한다.

이야기를 여기에서 멈춘다고 해도 그 자체로 훌륭한 이야기일 것이다. 그러나 우리는 이제 겨우 이야기를 시작했을 뿐이다. 또는 랜디의 인생이 이제 겨우 시작했을 뿐이라고 말해야 할지 모르겠다. 그는 대학에서도 운동선수 생활을 계속하려는 계획을 세우고 있다.

랜디의 이야기가 특별한 진짜 이유는 여기에 있다. 4년 전에 있었던 일에 대한 랜디의 고백을 들어보자. "옷소매가 고기 분쇄기에 말려 들어갔어요. 제 팔도 어쩔 수 없이 말려들어갈 수밖에 없었습니다. 그 사건 이후로 정말 힘겨운 싸움을 해야 했어요. 그냥 이대로 누워서 죽어버리자는 생각을 하기도 했지만 티나 셰릴 선생님과 조지아 주 럼프킨 카운티 고등학교의 보비 리치 코치님께서 풋볼을 할 수 있는 기회를 주셨습니다." 그다음 이야기를 요약하자면, 랜디는 한 팔만 가지고도 엄청나게 긍정적인 태도로 영웅적인 업적을 이루어냈다. 그는 이미 잃어버린 것을 쳐다보지 않고, 아직 가지고 있는 것에 집중하며, 그것을 최대한 활용하기로 마음먹은 것이다. 그러한 태도 때문에 랜디는 인간 승리자가 될 수 있었다. 여러분도 그렇게 될 수 있다.

행동계단

- 나는 오늘 랜디 워터스의 이야기를 적어도 두 사람에게 말해 줄 것이다. 그렇게 함으로써 그들도 격려를 받고, 나도 이 이야기를 다시 한 번 상기하게 될 것이다.
- 나는 오늘 _____ 할 것이다.

*

용기는 인간의 특성 중 제일 첫 번째이다. 왜냐하면, 용기야말로 다른 모든 특성이 존재할 수 있게 해 주기 때문이다.

— 윈스턴 처칠 경

...... 희망
Hope

의사도 잘못했지만, 해리 페리는 더욱 잘못했다. 그는 백혈병으로 곧 죽게 될 것이라는 진단을 받았다. 그래서 인생을 포기하고 마치 인생이 이미 끝난 것처럼 행동하기 시작했다. 다니던 직장도 그만두었고 결혼 생활에도 종지부를 찍었으며 치료에 돈을 쏟아 붓고 폭음하며 대부분의 시간을 혼자 보냈다. 그는 죽기만을 기다렸으며 사실 벌써 죽었을 수도 있었다. 그러나 아직 살아 있음에도 그의 삶은 껍데기만 남았다. 그런데 사실 그는 죽어가고 있는 것이 아니었다.

첫 진단을 받은 지 5년 후 다시 검사를 받게 되었는데, 해리는 백혈 병에 걸린 것이 아니었다. 그 사실을 알게 된 후 그는 다시 결혼했고 집을 샀으며 치료를 멈추었다. 그는 이제 잘 살고 있다.

해리의 태도 외에는 사실 바뀐 것이 아무것도 없었다. 그는 자신이 죽어가고 있다고 생각하자, 스스로 자기 파멸의 길로 들어섰다. 그러나

44

백혈병에 걸린 것이 아니라는 사실을 알게 되자, 다시 새로운 삶과 성취의 길로 들어선 것이다. 이 이야기의 비극은 행복과 성공의 가능성이 늘 열려 있었지만, 그가 그것을 스스로 포기했다는 사실이다. 여러분에게도 가능성은 열려 있다. 그것을 사용하기만 하면 된다. 여러분의 묘비에 이런 글이 새겨지지 않게 하라. "1950년에 태어나서 1984년에 죽어 1999년에 묻히다."

행동 계단

- 나는 오늘 내가 "승리하기 위해 태어났다"는 사실을 기억할 것이다. 나의 태도 속에 나의 자신감이 배어 나오게 할 것이다.
- 나는 오늘 _____ 할 것이다.

*

무슨 일이 닥치든지 간에, 두 개의 생명줄을 절대 놓치지 마라. 그것은 희망과 믿음이다.

······ 영향력
Influence

"우리(미국)가 러시아와 중국에 너무 많이 양보해 버렸어요."

나는 흥미롭게 이야기를 듣고 있었다. 러시아와 중국이 협상 테이블에서 어떻게 미국을 "몰아붙였는지"에 대한 논지와 목소리가 왠지 익숙하게 들렸기 때문이다. 목소리의 주인공은 열네 살 난 우리 아들이 최근 비행기를 타고 가는 중에 옆자리에 앉은 승객에게 하던 이야기였다.

나는 아들이 외교 문제에 관심을 두고 있다는 사실이 기뻤고, 특히 자기 아버지의 말을 인용하는 모습이 더욱 기뻤다. 그때 다음과 같은 깨달음이 큰 충격과 함께 다가왔다. 우리가 부모로서 감당해야 할 책임은 중차대한 것이다. 왜냐하면, 우리 아이들의 모습은 바로 우리 자신의 모습이기 때문이다. 사실 우리가 바로 우리 아이들의 역할 모델이다. 그들은 우리의 발자취를 따라오는 것이다. 우리의 도덕관과 가치관이 아이들에게 그대로 전수되는 경우가 많다.

우리의 아이들은 우리 자신의 축소판이라 할 수 있다. 그렇다면 부모들에게 묻고 싶다. 여러분은 자녀들에게 어떠한 역할 모델인가? 여러분은 나중에 "내 아이가 나의 발자취를 그대로 따라왔습니다"라고 자랑스럽게 말할 수 있을 것인가? 그럴 수 있기를 바란다. 왜냐하면, 여러분과 나의 아이들이 바로 이 나라의 미래이기 때문이다.

행동 계단

- 나는 오늘 나 자신이 다른 사람에게 좋은 모범이 되어야 할 책임이 있다는 사실을 자각할 것이다.
- 나는 오늘 _____ 할 것이다.

*

나는 우리 할아버지가 어떤 분이셨는지 잘 알지 못한다. 나는 그분의 손자가 어떤 사람이 될 것인지에 더 관심이 많다.

— 에이브러햄 링컨

······ 미세한 차이
The Fine Line

대부분 사람들은 퓰리처, 노벨, 오스카, 토니, 에미상과 같은 유명한 상을 타지 못한다. 그런 상은 보통 소수 엘리트가 차지한다. 다른 예를 들자면, 이 나라에서 태어난 모든 아이들은 이론적으로 미합중국의 대통령이 될 수 있다. 그러나 사실 대부분의 아이들은 그 꿈을 이루지 못할 것이다.

하지만 우리는 모두 삶의 작은 즐거움을 누릴 수 있다. 누군가의 등을 토닥여 준다거나 껴안아 주고 뽀뽀해 줄 수도 있다. 또는 4파운드짜리 배스를 낚거나 보름달을 즐기거나 문 바로 옆에 빈 주차공간을 차지할 수도 있다. 장작이 타고 있는 벽난로, 아이스티, 따뜻한 수프, 아름다운 저녁노을도 삶이 선사하는 작은 즐거움이다. 그보다 더 "작은" 위대한 즐거움도 있다. 우리가 자유롭게 여행할 수 있으며 원하는 사람에게 투표할 수 있고 자유롭게 종교 활동을 할 수 있다는 사실을 깨달을 수 있는 것도 그런 즐거움이다. 이런 수많은 작은 것들이 우리에게 감사할 기회를 주며, 끊이지 않는 기쁨의 원천이 된다.

만약 인생의 큰 상이 여러분에게 주어진다면, 감사히 받아라. 하지만 그 상이 여러분을 외면한다 할지라도, 너무 속상해하지 마라. 대신 삶이 선사하는 작은 즐거움을 만끽하라. 어제의 영웅이 오늘에는 잊혀지는 경우가 허다하다. 인생의 큰 상은 일회적인 사건이며 곧 잊혀진다. 그러나 삶의 작은 보물은 영원히 끊이지 않는다. 오늘 큰 즐거움은 누리지 못한다 할지라도, 작은 기쁨은 풍성하게 누릴 수 있다. 눈을 뜨고 주위를 살펴보기만 하면 된다.

행동 계단

- 나는 오늘 "작은 승리"를 즐길 것이며, 그 안에 담긴 삶의 작은 즐거움을 만끽할 것이다.
- 나는 오늘 ＿＿＿＿＿＿＿＿＿＿＿＿＿＿＿ 할 것이다.

＊

만약 여러분이 꾸준히 최선을 다한다면, 최악의 경우는 발생하지 않을 것이다.

— B. C. 포브스

따뜻한 말
Warm Fuzzies

여러분은 아마도 '격려의 말'(positive strokes)이란 표현을 들어본 적이 있을 것이다. 어떤 이들은 '따뜻한 말'(warm fuzzies)이란 표현을 쓰기도 한다. 어떤 표현을 쓰는가는 중요하지 않다. 다만 여러분은 어디를 가든지 간에 긍정적인 분위기를 이끌어 내기 위해 여러분의 몫을 다하는 것이 중요하다. 잘한 일에 대해서 동료, 친구, 가족에게 칭찬하는 습관을 들이도록 하라. 상황이 아무리 나빠 보인다 할지라도 그 이면의 무언가 긍정적인 면을 찾아서 말하도록 하라. 그러기 위해서는 여러분의 노력과 창의력이 필요함은 물론이다. 여러분이 다른 사람에게 진심이 담긴 칭찬을 건네고 다른 사람의 재능을 솔직하게 인정한다면, 그 결과로 얻어지는 것은 여러분의 노력에 대한 충분한 보상이 될 것이다.

매일 행복하고 건강하게 사는 제일 좋은 비결은 다른 사람도 그렇게 살 수 있도록 도와주는 것이다. 내가 다른 사람에게 격려의 말을 건넬 때, 나 역시 따뜻한 말을 듣게 되는 것이다. 내가 진심으로 다른 사람의 수고에 대해서 칭찬의 말을 건넬 때마다 나의 마음 역시 따뜻해진다. 그러므로 오늘 여러분이 격려의 말을 한 번도 듣지 못했다면, 그것은 아마도 여러분이 다른 사람에게 격려의 말을 전하지 않았기 때문일 것이다.

행동 계단

- 나는 오늘 성심껏 직장 동료, 친구, 가족에게 칭찬의 말을 건넬 것이다. 특별히 구체적으로 다음과 같은 점에 대해서 격려하고 싶다. 1)_____ 2)_____ 3)_____
- 나는 오늘 _____ 할 것이다.

*

화난 사람을 진정시키는 가장 확실한 방법은 따뜻한 격려의 말을 전하는 것이다.

⋯⋯ 부정적인 생각
Stinking Thinking

여러분의 사업이 잘되고 못 되는 것은 외부적인 환경에 달린 것이 아니라, 여러분이 그 환경을 어떻게 받아들이느냐에 달려 있다.

수년 전에, 나는 미시간 주 플린트 시에서 부동산 중개업자들에게 강연할 기회가 있었다. 여러 사람들과 담소를 나누던 중 한 중개업자에게 요새 사업이 어떠냐고 묻는 잘못을 저지르고 말았다. 나는 긍정적인 답변을 기대했는데, 대신 제너럴 모터스의 파업 때문에 사업이 잘 안 된다는 기나긴 불평을 듣고 말았다. 그는 사람들이 생필품 외에는 절대로 돈을 쓰지 않는다고 설명했다. 그의 태도가 너무나 부정적이었기 때문에, 차라리 그가 자리를 비켜주는 것이 분위기를 살리는 데 도움이 될 것 같은 생각이 들 정도였다.

누군가가 그에게 말을 건 틈을 타서 나는 재빨리 오른편에 있던 자그마한 여인에게 말을 건넸다. "요새 어때요?" 그녀가 대답했다. "지글러

씨도 아시다시피 요새 제너럴 모터스가 파업 중이잖아요." 나는 속으로 한탄했다. "안 돼, 그 이야기는 그만!" 그런데 그녀는 미소를 지으며 왜 그 파업이 그녀의 사업에 도움이 되는지를 설명하기 시작했다. 설명을 마치고 나서, 그녀는 나에게 혹시 워싱턴에 아는 분이 있느냐고 물었다. 무엇 때문에 그러냐고 물어보자 그녀는 다음과 같이 대답했다. "이 파업을 6주만 더 연장할 수 있으면, 올해 남은 기간은 일을 안 해도 될 것 같아서요."

한 사람은 파업 때문에 파산의 위기에 처했다. 그러나 같은 사업을 하는 또 한 사람은 같은 파업 때문에 오히려 부를 축적하고 있었다. 무엇이 이런 차이를 가져왔는가? 그것은 바로 '태도'다! 여러분의 삶과 사업에 "부정적인 생각"이 있을 자리는 없다.

행동 계단

- 나는 오늘 어떠한 상황에서도 긍정적인 면을 바라봄으로써 "부정적인 생각"을 몰아낼 것이다.
- 나는 오늘 _____ 할 것이다.

*

모든 사업 분야에 무한한 가능성이 열려 있다. 열린 생각이 있는 곳에, 언제나 새로운 지평이 열린다.

— 찰스 F. 케터링

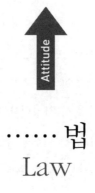

······ 법
Law

법을 집행하는 일은 쉬운 직업이 아니다. 하지만 때때로 경관들을 미소 짓게 하는 재미난 순간들이 있다.

운전 경력이 오래된 분이라면, 어쩌다 과속 운전으로 교통 경관에게 적발당한 경험이 있을 것이다. 만약 여러분이 보통 사람들과 별반 다르지 않다면, 무언가 핑곗거리를 대면서 사정을 해 보았을 것이다. 미주리 주에 사는 한 남성은 다음과 같은 변명을 했다고 한다. "뒤에서 차들이 빨리 따라오는 바람에 빨리 갈 수밖에 없었다니까요." 어떤 젊은 여성은 접촉 사고를 낸 뒤 이렇게 말했다고 한다. "집에 오는 길이었어요. 근데 집을 잘못 찾았지 뭐예요. 그래서 나무에 박은 거예요. 우리 집에는 원래 여기 나무가 없거든요." 또 다른 남성은 이렇게 말했다고 한다. "저는 운전 경력 40년 만에 오늘 처음 졸음운전을 했네요. 그래서 구덩이에 빠졌어요."

어떤 운전자들은 교통 스티커를 받지 않기 위해서 정말 기발한 생각을 하기도 하지만, 대부분 별 소용이 없는 경우가 많다. 어떤 창의적인 경관은 "의례 스티커"만 발부하기도 한다. 말 그대로 스티커를 발부할 때, 최대한 정중하게 발부하는 것이다. 민중의 지팡이로서 묵묵히 과업을 성실히 수행하는 경관들께 진심으로 감사드린다.

행동 계단

- 나는 오늘 수고하는 경관에게 직접 또는 전화나 편지로 감사의 마음을 전할 것이다.
- 나는 오늘 _____ 할 것이다.

*

법이 무너지면, 독재가 시작된다.

— 존 로크

······ 창의력
Ingenuity

흔히 성공적인 사업 구상을 이야기할 때, 헨리 포드의 자동 생산 라인이나 J. C. 페니의 백화점 체인망을 꼽는다. 물론 이들은 엄청난 성공을 거두었고, 아메리칸 드림을 이루었다. 하지만 그들과는 또 다른 방식으로 자기만의 아메리칸 드림을 이룬 수많은 사람들이 있다.

데니스 콥셀(D. Koepsell)은 역사와 골동품에 관심이 많았는데, 이러한 관심을 판매에 활용할 수 있는 기회를 찾고 있었다. 그러던 어느 날, 다 낡아빠진 골동품 팝콘 마차를 발견하고는 무릎을 쳤다. 대부분 사람들이 보기에 그 팝콘 마차는 낡아빠진 고물에 불과했지만, 데니스는 대부분 사람들이 미처 보지 못한 가능성을 보았다.

데니스는 몇 달 동안 이 팝콘 마차를 힘들게 수리했고, 마침내 다시 정상적으로 가동할 수 있었다. 그는 집 근처의 특별 행사장을 다니면서 옛날식 팝콘을 튀겨서 팔기 시작했다. 그는 곧 두 번째, 세 번째 팝콘 마차를 구입할 수 있었고, 오늘날 데니스 콥셀은 밀워키의 "팝콘왕"이 되었다. 이제 그는 6대의 팝콘 마차를 운용하고 있으며, 곧 4대를 더 운용할 예정이다.

이런 것이 바로 아메리칸 창의력이며, 또한 아메리칸 드림인 것이다. 여러분도 데니스 콥셀 못지않은 가능성을 가지고 있다. 차이점이 있다면 데니스는 기회를 기다렸고 기회란 때론 힘든 수고 끝에 얻어진다는 것을 깨달았다는 점이다.

행동 계단

• 나는 오늘 내 주위의 기회를 더 주의 깊게 찾아볼 것이다.
• 나는 오늘 _____ 할 것이다.

*

우리에겐 이전에 꿈꾸지 못했던 것을 꿈꾸는 사람이 필요하다.

— 존 F. 케네디

······ 비교
Comparison

　나는 우리 아이들이 자랑스럽다. 친구, 가족들과 아이들이 커가는 모습에 대해서 즐겨 이야기하곤 한다. 그런데 이런 얘기를 할 때마다 느끼는 점은 꼭 아이들을 비교하게 된다는 사실이다. 제임스 돕슨 박사에 의하면, 우리는 아이들을 비교할 때 보통 외모와 지능을 비교하는데, 이러한 비교는 아이들이 건전한 자아상을 확립하는 데 큰 문제가 될 수 있다고 한다. 이러한 비교 때문에 아이들은 잡지의 표지 모델처럼 생기지 않거나 아이큐 점수가 높지 않으면, 자신이 열등한 인간이라고 느낄 수 있다는 것이다.

　그러나 모든 사람은 다 중요하다. 여러분의 부모님, 배우자, 형제자매에게 여러분만이 가져다줄 수 있는 기쁨이 있다. 다른 그 어느 누구도 아닌, 여러분이기 때문에 가능한 것이다. 여러분은 이 세상에 하나뿐이며 소중한 존재이다. 이 세상에 대해서도 여러분만이 기여할 수 있는 부분이 있다. 따라서 결코 남과 비교할 필요가 없다. 다만 여러분만의 독특한 특성을 어떻게 계발할 것인지가 중요한 것이다.

행동 계단

- 나는 오늘 나 자신을 신뢰할 것이며, 나의 단점을 남의 장점과 비교하지 않을 것이다.
- 나는 오늘 _____ 할 것이다.

*

아래를 내려다보는 것은 언제나 어지럽다.

— 로버트 브라우닝

······ 능력
Capacity

　나는 누구나 성공할 수 있으며, 위대한 성취를 이룰 수 있는 잠재력을 가지고 태어났다고 믿는다. 여러분도 예외는 아니다. 여러분은 소중한 존재이며 위대한 일을 이룰 수 있다.

　그러나 만약 여러분이 평생 자격 미달이라는 소리를 들었다면, 어느새 여러분도 그 말을 사실로 받아들일 수 있다. 또한, 남들에게 인정을 받아야 한다는 소리를 반복해서 듣다 보면, 인정받으려고 노력하는 여러분 자신을 발견할 수도 있다. 매일 이류 인생이라는 말을 듣다 보면, 자신도 모르게 그 말에 동의하게 될 수도 있다. 그러나 그런 말들은 다 쓰레기 같은 생각일 뿐이다. 그런 말을 받아들이는 것은 재앙이다. 복음 전도자 빌 글래스는 교도소 사역을 통해서 거의 90퍼센트에 육박하는 재소자들이 자라면서 부모로부터 '감옥에 가게 될 것' 이란 말을 반복적으로 들었다는 사실을 알게 되었다.

톰 멀린의 책 『인생은 정말 장난이라고』*(Seriously, Life is a Laughing Matter)*를 보면, 학교에서 늘 A학점만 받는 열다섯 살의 에이미 이야기가 나온다. 그녀의 부모님은 그녀가 혹시라도 B학점을 받으면 심하게 화를 내셨다. 에이미는 부모에게 다음과 같은 글이 담긴 쪽지를 남겼다. "내게 있어서 공부의 실패는 곧 인생의 실패다." 이 글은 그녀가 남긴 유서의 일부이다. 어떤 생각을 하느냐가 결국 우리의 행동까지 결정한다.

슬프게도 에이미의 사례는 특별히 예외적인 경우가 아니다. 지난 10년간 미국 내 청소년 자살률은 세 배나 증가했으며, 매일 '서른 명이 넘는' 청소년들이 스스로 생을 포기한다. 미국인들은 쓰레기 같은 사상에 심각하게 오염되었다. 여러분이 하는 일이나 소유가 중요한 것이 아니라, 여러분의 존재가 중요한 것이다. 실패하는 것은 부끄러운 일이 아니다. 정말 수치스러운 것은 시도하지 않는 것이다.

여러분에게는 위대한 잠재력이 있다. 여러분의 능력을 마음껏 활용하라. 그러면 더 많은 능력이 주어질 것이다.

행동 계단

- 나는 오늘 내게 있는 능력을 이용해서 내가 할 수 있는 일을 해낼 것이다.
- 나는 오늘 ＿＿＿＿＿＿＿＿＿＿＿＿＿＿＿＿＿＿＿ 할 것이다.

*

생각을 주의하라. 그것이 언제 말로 뛰어나올지 모른다.

······ 불가능
Impossibilities

매년 놀라운 정확성을 보여 주고 더 빨리, 더 높게 뛰는 운동선수들을 볼 때마다 감탄을 금할 수 없다. 우리는 매일 한계를 극복하는 젊은 선수들에 대한 기사를 접하곤 한다.

가장 유명한 육상의 장벽은 1마일을 4분 안에 주파하는 것이었다. 전문가들은 오랫동안 인간이 이 장벽을 돌파하는 것이 불가능하다고 말해왔다. 그러나 1954년 로저 배니스터(R. Bannister)가 4분 안에 1마일을 주파함으로써 이 장벽을 무너뜨렸다. 오늘날에는 고등학교 육상 선수들과 37살 난 남자도 이 위대한 업적을 이루어냈다.

한때 전문가들은 멀리 뛰기 분야에서 인간이 28피트의 벽을 깨는 것이 불가능하다고 생각했지만, 밥 비몬(B. Beamon)이 29피트를 뜀으로써 우리 시대의 가장 위대한 육상 업적의 하나를 이루어냈다. 나디아 코마네치(Nadia Comaneci)는 1976년 몬트리올 올림픽 체조 분야에서 "10점 만점"

의 벽을 깼고 이제 여러 선수가 체조에서 만점을 기록하고 있다.

한 사람이 장벽을 깨뜨리자마자 다른 선수들이 똑같은 위업을 이루어 낸다는 사실이 정말 놀랍지 않은가? 우리의 진정한 한계는 우리가 우리 스스로에게 지우는 한계밖에 없는지도 모른다. 많은 "장벽들"이 사실은 물리적인 불가능의 한계가 아니라 심리적인 한계라는 것을 이해하면, 기량의 향상과 새로운 기록을 달성하는 데 큰 도움을 얻을 수 있다. 사실 우리가 무엇을 할 수 있다는 것을 깨닫게 되면, 그것이 실제로 이루어지는 것은 시간문제다.

행동 계단

- 나는 오늘 나의 한계를 없애버릴 것이다. 다른 사람이 잠시 나를 멈추게 할 수 있을지 몰라도, 나 자신을 영구히 멈추게 할 수 있는 사람은 나 자신밖에 없다.
- 나는 오늘 _____ 할 것이다.

*

불가능은 오직 바보의 사전에서만 발견되는 단어이다.

— 나폴레옹 보나파르트

·····사소한 일들
Insignificant Incidents

기회는 종종 우연한 발견과 함께 찾아온다. 예를 들면, 화재 경보장
치가 발명된 계기는 한 연구소에서 있었던 사소한 사건 때문이었다. 듀
에인 피어살(D. Pearsall)은 정전기를 통제하는 전자 장치를 시험하다가 담
배 연기 때문에 장치가 고장 나는 것을 발견하였다. 처음에는 실험을 중
단하고 부품을 갈아야 하는 것이 귀찮기만 했지만, 나중에는 연기에 장
치가 반응하는 것이 유용한 정보가 될 수도 있다는 것을 깨닫게 되었다.
이 사소한 사건이 미국에서 처음으로 화재 경보장치가 만들어지게 된
계기가 되었으며, 이 장치로 인해서 많은 인명과 재산을 보존할 수 있게
되었던 것이다.

성공이 찾아오는 방법은 다양하다. 때때로 성공은 사소해 보이는 사
건과 함께 찾아오기도 한다. 늘 기회를 기다리는 습관을 들이도록 노력
하라. 사고의 폭을 넓히고 가능성을 추구하라. 기회란 어디에나 있으며

바로 우리 코앞에 있는 경우가 많다.

행동 계단

- 나는 오늘 내 주위에서 일어나는 사소한 일들에 다시 한 번 관심을 기울일 것이며, 그것을 통해 기회를 찾을 것이다.
- 나는 오늘 ＿＿＿＿＿＿＿＿＿＿＿＿＿＿＿＿＿ 할 것이다.

*

많은 사람들이 바닷가에서 노는 아이들처럼 기회를 흘려보내는 경우가 많다. 아이들은 손으로 모래를 한껏 움켜쥐지만, 하나둘씩 모래 알갱이가 다 빠져나가고 결국 빈손이 되는 것이다.

······ 승리의 요소
The Winning Ingredients

대학교 운동팀 감독들이 신입 선수들을 뽑을 때 가장 중요하게 여기는 요소가 무엇일까? 매해 봄이면 대학 감독들은 많은 시간을 투자해서 우수한 고교 졸업생 선수들을 찾아본다. 최근 우수 대학 감독 중 한 사람에게 다음과 같은 질문이 주어졌다. "젊은 선수들에게 가장 중요한 승리 요소가 무엇이라고 생각하십니까?"

그 감독은 지체 없이 다음과 같이 대답했다. "우리는 지도를 받아들일 수 있는 젊은 선수들을 찾고 있습니다."

성공적인 감독들은 신체적인 기술이 출중한 선수들만으로는 승리하는 팀을 만들 수 없다는 것을 잘 알고 있다. 팀의 모든 선수가 건설적인 비판을 받아들일 줄 알며, 지도를 기꺼이 받아들일 때에야 비로소 다른 선수들과 화합하여 한 팀을 이룰 수 있는 것이다.

우리도 모두 비판을 받아들일 수 있어야 한다. 전문가의 충고에 귀 기울이는 법을 배워야 한다. 우리가 어떤 일에 대해서 아무리 능숙하다고 할지라도, 개선할 여지는 늘 있는 법이다.

여러분은 지도를 받아들일 수 있는가? 여러분은 승리하는 팀의 일원이 되고 싶은가? 여러분은 회사의 모든 직원이 회사의 성공을 위해 중요한 역할을 수행한다는 사실을 이해하는가? 여러분이 승리하는 팀의 일원이 되고자 한다면, 충고와 지도를 기꺼이 받아들일 줄 알아야 한다.

행동 계단

- 나는 오늘 뛰어난 사람들을 찾아가서 그들의 충고와 조언을 구할 것이다.
- 나는 오늘 _____ 할 것이다.

*

지혜로운 자와 동행하면 지혜를 얻는다.

「잠언」 13 : 20

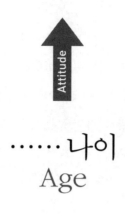

······나이
Age

여러분은 이 세상이 젊은이들의 것이라는 말을 많이 들어보았을 것이다. 역사책을 잠깐만 들여다보더라도 이 진술의 타당성을 어느 정도 확인할 수 있다. 예를 들면, 린드버그는 25세에 사상 최초로 대서양을 단독 비행으로 횡단했다. 존 폴 존스는 22세에 선장이 되었으며, 나폴레옹은 23세가 되기 전에 포병 대위가 되었다. 에드거 앨런 포우는 18세에 시인으로서 세계적인 명성을 얻었으며, 트레이시 오스틴은 16세에 전미 오픈 테니스대회에서 우승하였다. 알렉산더 대왕은 26세에 미지의 세계를 정복하였으며, 엘리 휘트니는 28세에 조면기(繰綿機)를 완성하였다. 또한, 우리는 대학교수들조차 쩔쩔매는 수학 방정식을 척척 풀어내는 소년 신동의 기사를 종종 본다. 30세 이전에 놀라운 업적을 이루어 낸 사람들의 이야기는 진정 끝이 없다.

정말 이 세상은 젊은이들의 것인 것 같다. 그렇지 않은가? 그러나 이 세상은 또한 노년과 중년들의 것이기도 하다. 사실 이 세상은 여러분의 나이가 어떠하든 간에 바로 여러분의 것이다. 다음의 이야기들을 읽어 보면 무슨 말인지 알 수 있을 것이다.

코모도어 밴더빌트는 70세가 되어서야 비로소 위대한 철도왕으로 알려졌으며, 88세에 가장 왕성한 철도인으로 활동했다. 소크라테스는 80세가 되어서 음악을 공부하기 시작했으며, 파스퇴르는 60세에 공수병의 치료법을 발견했다. 콜럼버스는 50세가 훨씬 넘어서 아메리카를 발견하게 되는 항해를 시작했으며 볼테르, 뉴턴, 스펜서, 탈레랑, 토머스 제퍼슨은 모두 80세가 넘어서도 왕성히 활동했으며 지적인 절정기를 보냈다. 그랜드마 모지스는 90세가 넘어서 화가로서의 성공과 명성을 얻었으며, 갈릴레오는 73세에 매월과 매일의 달의 위상을 발견하였다. 이와 같은 이야기는 끝이 없다.

이러한 이야기들을 통해서 우리는 이 세상은 바로 지금이 정상에 이를 때라고 믿는 사람들의 몫이라는 사실을 배울 수 있다.

행동 계단

- 나는 오늘 나이란 장애나 장벽이 아니라 자산이라는 것을 깨달을 것이다.
- 나는 오늘 _____ 할 것이다.

*

나에게 나이가 너무 많은 때란 언제나 지금보다 15년 후를 뜻한다.

— 버나드 M. 바루크

······ 열정
Enthusiasm

즉각 열정을 실행하는 방법이 있다. 만약 여러분이 열정을 회복하고 싶다면 평소 잠자리에서 일어나는 방식을 바꾸어보자. 괴로운 하루가 또 시작된다고 불평하면서 일어나지 마라.

이 방법에는 장·단점이 있다. 먼저 단점을 말하자면, 내가 설명하는 지침을 따르는 것이 우스꽝스럽게 들릴 수 있다. 장점은 여러분이 더욱 풍성한 삶을 누릴 수 있으며 더 많은 돈을 벌 수도 있다는 사실이다. 물론 당장 현찰이 생기는 것은 아니겠지만, 여러분은 생산성을 높임으로써 곧 더 많은 돈을 벌 수 있는 기회를 얻게 될 것이다.

자, 이렇게 하면 된다. 내일 아침 자명종 소리를 듣게 되면, 즉시 자리에서 일어나 손뼉을 치면서 다음과 같이 외치라. "아, 정말 멋진 하루가 시작되는구나. 오늘 하루도 주어진 기회를 최대한 활용해야겠다!" 자신이 우스꽝스럽게 느껴지거나 바보처럼 보일 수도 있다. 머리는 형

클어져 있고 잠도 덜 깬 상태이기 때문이다. 하지만 여러분은 이렇게 함으로써 확실히 잠을 깰 수 있으며 하루를 활기차게 시작할 수 있을 것이다. 여러분은 자신의 모습에 대해서 웃음을 터뜨릴 수도 있으며, 웃음은 열정의 좋은 징조이다. 여러분 자신에 대해서 웃을 수 있다는 것은 건강한 자아상을 확립하고 있다는 증거도 된다. 그 효과는 내가 보장한다. 이렇게 3주간 지속해 보라. 그러면 우리는 정상에서 만나게 될 것이다!

행동 계단

- 나는 오늘 잠자리에서 일어날 때, 손뼉을 치면서 다음과 같이 외칠 것이다. "아, 정말 멋진 하루가 시작되는구나. 오늘 하루도 주어진 기회를 최대한 활용해야겠다!"
- 나는 오늘 _____ 할 것이다.

*

열정이야말로 최대의 자산이다. 그것은 돈과 권력, 그리고 영향력을 능가한다.

— 헨리 체스터

······ 여러분
You

월 로저스(W. Rogers)는 10년 동안 한마디도 하지 않았다.

많은 분들이 놀라움을 금치 못하겠지만, 우리 시대 최고의 대중 철학가이자 해학가인 월 로저스는 그의 데뷔 초기 10년간 한마디의 말도 하지 않았다. 사실 월 로저스는 카우보이였다. 로프 기술의 전문가였으며 놀라운 기술의 보유자였다. 그는 데뷔 초기 10년 동안 로프를 이용한 신기와 마술을 선보였지만, 말은 한마디도 하지 않았다. 그런데 한 공연에서 월이 무언가 말을 해야만 하는 돌발 상황이 발생했다. 관중은 월 로저스의 말에 열광했고 그 이후로 그는 대중 철학가이자 해학가로 명성을 쌓기 시작했다.

그가 한 말 중에서 가장 위대한 것은 아마도 다음과 같은 말일 것이다. "만약 여러분이 인생에서 성공하기 원한다면, 여러분이 하는 일에 대한 목표가 분명해야 하며 여러분이 하는 일을 믿어야 하고 여러분이 하는 일을 사랑해야 합니다." 이것은 모두를 위한 정말 놀라운 성공 방정식이다.

여러분은 하는 일에 대한 분명한 목적이 있는가? 여러분이 하는 일에 대한 믿음이 있는가? 여러분이 하는 일을 정말 사랑하는가? 만약 그렇다면 여러분은 이미 정상에 이르는 길에 서 있다.

행동 계단

- 나는 오늘 내가 하는 일에 대한 목표, 믿음, 사랑이 있는지를 심각하게 고민해 볼 것이다.
- 나는 오늘 _____ 할 것이다.

*

어떤 일의 성취에 대한 보상은 그 일을 해내었다는 사실 그 자체다.

— 랠프 W. 에머슨

······ 작은 과업들
Small Tasks

『리더스 다이제스트』(Reader's Digest)에 나오는 다음의 인용문이 시사하는 바는 의미심장하다. "자기 자신은 너무나 중요한 사람이기 때문에 작은 과업들을 수행하기에 부적절하다고 생각하는 사람은 중요한 일을 맡기에는 너무 그릇이 작은 사람이다."

오늘날 많은 젊은이들이 첫 번째 시도에서 완벽한 평생직장을 잡으려는 비현실적인 꿈을 꾼다. 즉, 보람도 있으며 흥미도 있고 도전할 만하며 보수도 많고 장래성도 있는 그런 직장을 한 번에 잡으려고 하는 것이다. 말 그대로 이런 직장에 목숨을 거는 것은 재앙이 될 수도 있다. 대부분의 경우 첫 직장은 그런 모든 조건을 갖추기가 쉽지 않다. 그런 이상적인 직장이 아니더라도 최선을 다하는 사람이 먼저 되어야 나중에 그런 이상적인 직장도 얻을 수 있는 것이다.

그러므로 젊은이들이여, 만약 여러분의 첫 직장이 정직하며 여러분의 도덕적 기준(예를 들어, 술을 파는 일이라든가, 일요일에 일해야 한다든가, 음란물을 파는 일 등)에 어긋나지 않는다면, 일단 그 일을 시작하라. 그리고 그 일에 여러분의 전력을 쏟아 부어라. 그 일에서부터 여러분은 이상적인 직장으로 승진하거나 옮겨가는 기회를 잡을 수 있을 것이다. 따라서 일을 시작하라. 그리고 올바른 태도로 끈질기게 노력하라. 그러면 우리는 정상에서 만나게 될 것이다.

행동 계단

- 나는 오늘 중요한 프로젝트에 임하는 것과 똑같은 열정으로 모든 과업에 최선을 다할 것이다.
- 나는 오늘 _____ 할 것이다.

*

상사와 같은 열정을 품은 사람이 상사로부터 해고되는 일은 좀처럼 없다.

······ 에너지
Energy

대부분의 경우 우리가 신체적으로 느끼는 피로감은 사실 신체적인 문제가 아니다. 우리는 단지 심리적으로 지쳐 있을 뿐이며, 이는 "부정적인 생각" 때문인 경우가 많다. 다음의 예를 생각해 보자(남성 독자들이 여성 독자들보다 더 잘 공감할 수 있을 것이다).

오늘은 정말 "힘든" 하루였다. 하루 종일 제대로 되는 일이 하나도 없었다. 하나가 꼬이기 시작하더니 또 다른 일이 꼬였다. 하루를 마치고 퇴근하는 발걸음은 천근만근 무거웠다.

집에 들어서자 아내가 반갑게 맞으면서, 약속한 "그날"에 집에 늦게 오지 않아 다행이라고 말한다. "무슨 날"이냐고 지친 목소리로 묻는다. 아내는 달포 전에 차고를 정리하기로 약속한 날이라고 씩씩하게 대답한다. 손가락 하나 까딱할 힘이 없다고 항변해 본다. 아내는 도와주겠다고 말하지만, 나는 정말 에너지가 하나도 남지 않았다고 하소연한다.

그런데 바로 그 순간 전화벨이 울리고 전화기 너머로 다음과 같은 목소리가 들려온다. "친구, 지금 컨트리클럽에 가는 길이라네. 15분이면 도착할 것 같아. 해지기 전에 9홀은 돌 수 있을 것 같은데, 시간이 되겠나?" 갑자기 모든 피로가 사라지는 것을 느끼며, 10분 안에 갈 수 있다고 열정적으로 대답한다.

모양은 다를지 모르지만, 위와 같은 사례는 매일 수없이 일어난다. 요점은 간단하다. 여러분이 피로하다는 생각에 자꾸만 빠져들수록, 여러분의 에너지는 점점 더 고갈된다. 여러분 자신이 즐겁게 과업을 수행하는 모습을 그려보라. 그러면 여러분은 놀라울 만큼 더 많은 에너지를 느낄 수 있을 것이다.

행동 계단

- 나는 오늘 "어때요?"라는 질문을 들을 때마다 "정말 좋아요, 더 좋아질 거예요!"라고 대답할 것이다.
- 나는 오늘 _____ 할 것이다.

*

불 꺼진 장작으로는 불을 붙일 수 없듯이, 활기 없는 사람에게는 열정이 있을 수 없다. 열정은 매일 해야 할 일을 쉽게 할 수 있게 해 주며, 노동도 즐거운 일로 바꾸어 버린다.

— 제임스 M. 볼드윈

...... 실망
Disappointment

여러분은 실망스러운 일이 생길 때 어떻게 대처하는가? 에드가는 사진에 관한 책을 우편 주문한 후에 매일 책이 도착하기를 기다렸다. 마침내 기다리던 책이 도착했다. 하지만 소포를 뜯자마자 말할 수 없는 실망감에 심한 분노마저 느꼈다. 복화술(ventriloquism)에 관한 책으로 잘못 배송되었기 때문이다. 그는 정말 화가 났다!

책을 즉시 반송하려고 했다. 그런데 그 책을 가지고 있다 보면 나중에 쓸모가 있을지도 모르겠다는 생각이 문득 들었다. 여러분은 아마 이제 그가 누구인지를 짐작하실 것이다. 바로 에드가 버건(Edgar Bergen)이다. '찰리 매카시'(Charlie McCarthy)와 '모티머 스너드'(Mortimer Snerd)라는 캐릭터로 세계적인 명성을 얻은 복화술가다. 그는 건전하고 산뜻한 유머로 수많은 사람들에게 웃음을 선사했으며, 또한 엄청난 성공을 거두었다.

에드가 버건은 간단한 아이디어를 통해 성공을 거두었다. 그는 레몬

(lemon, 불량품을 상징하는 말 - 옮긴이)을 통해 레모네이드(lemonade)를 만들어 낸 것이다. 만약 여러분도 어떤 상황에서든지 좋은 면을 찾으려 한다면, 좋은 일은 반드시 여러분을 찾아올 것이다!

행동 계단

- 나는 오늘 실망스러운 일을 만나게 되면 그것을 전화위복의 계기로 삼을 것이다.
- 나는 오늘 _____ 할 것이다.

*

실패를 어떻게 받아들이느냐에 따라서 다음번에 성공하기까지 얼마의 시간이 걸릴지가 결정된다.

— 데이비드 슈워츠

······ 엘리베이터
Elevators

미 동부를 여행 중에 워싱턴 D.C.에 들렀다. 자연스럽게 워싱턴 기념탑(Washington Monument, 높이 169미터에 이르는 화강암 석조탑 - 옮긴이)을 방문하게 되었다. 여행 가이드가 탑의 정상까지 올라가는 엘리베이터를 타려면 2시간 정도 기다려야 한다고 큰 소리로 말했다. 하지만 그다음에 미소를 지으며 다음과 같이 말했다. "계단으로 걸어서 올라가려면, 기다리지 않아도 됩니다."

얼마나 맞는 말인가! 워싱턴 기념탑의 꼭대기까지 올라가는 것뿐 아니라, 더욱 중요한 인생의 정상까지 오르는 길도 마찬가지 원리가 적용된다. 좀 더 정확하게 말하자면, 성공에 이르는 엘리베이터는 늘 많은 사람으로 붐빌 뿐 아니라 영구적으로 고장이 난 상태라고 할 수 있다. 인생에 무임승차란 없는 법이다. 정상에 이르고자 하는 사람은 모두 계단으로 걸어 올라가야 한다. 만약 여러분이 그렇게 할 각오가 되어 있다면, 한 번에 한 계단씩 꾸준히 걸어 올라가라. 그러면 우리는 "정상에서 만나게 될 것이다!"

행동 계단

- 나는 오늘 "세상에 공짜란 없다"는 사실을 상기하며, 정상에 이르기 위해서는 열심히 노력하는 수밖에 없다는 것을 명심할 것이다.
- 나는 오늘 _____ 할 것이다.

*

여러분은 다른 사람이 스스로 할 수 있고 스스로 해야만 하는 일을 영원히 대신해 줄 수는 없다.

— 에드워즈 E. 헤일

······ 해고당하기
Getting Fired

몇 년 전에 나는 가족과 함께 댈러스의 근사한 레스토랑에서 저녁을 먹은 적이 있다. 웨이터가 와서 컵에 물을 "따라" 주었는데, 사실 물을 따르는 것이 아니라 들이부었다! 그 웨이터는 분명 무언가에 불만스러워 보였는데, 나는 다음과 같이 말했다. "지금 하는 일이 마음에 들지 않아 보이는군요. 맞죠?" 그 웨이터는 퉁명스럽게 대답했다. "네, 싫습니다." 내가 말했다. "너무 걱정하지 마세요. 이 일을 오래 할 수 있을 것 같아 보이지는 않는군요."

그는 의외라는 듯이 무슨 뜻이냐고 물었다. 나는 그가 태도를 고치지 않으면, 레스토랑 주인에게 오히려 돈을 준다고 해도 그곳에서 더 이상 일하지 못하게 될 것이라고 설명했다. 다행히도 그 젊은이는 충고를 받아들였고 태도를 바꾸었다.

여러분이 무슨 일을 하든지 태도는 매우 중요하다. 태도를 올바르게 가진다면, 맡은 일도 더 잘 수행할 수 있을 것이다. 여러분이 일을 더 잘 하게 되면, 여러분은 자신에게, 그리고 고용주에게 더 소중한 존재가 되는 것이다. 그것이 바로 일자리를 지키면서 급료도 올려 받는 비결이다.

행동 계단

- 나는 오늘 내가 받는 급료보다 더 열심히 일할 것이다. 그러면 결국에는 내가 일하는 만큼 더 많은 급료를 받게 될 것이다.
- 나는 오늘 _____ 할 것이다.

*

일은 사람의 가장 중요한 기능이다. 일하지 않는 자는 아무것도 아니며, 아무것도 할 수 없고, 아무것도 성취할 수 없으며, 아무것도 이룰 수 없다.

— J. M. 코완

······ 억대 연봉
The Six-Figure Income

성공적인 목회 연구소의 소장인 나의 친한 친구 윌버트는 자유시장 경제체제에 대한 하워드 크레쉬너(H. Kreshner)의 말을 인용한 적이 있다. 크레쉬너는 제너럴 모터스 사의 최고 경영진 60인의 연봉에 대해 말하면서, 이들이 차를 한 대 팔 때마다 받는 돈이 대당 2.3달러 정도 된다고 설명했다. 이것은 그들의 전문적 지식, 경험, 수고와 비교하면 그다지 많지 않은 보수이다.

나는 이 사례를 즐겨 인용한다. 왜냐하면, 대부분의 일반인들이 최고 경영진의 엄청난 연봉에 대해서 분개하며 이들 때문에 자동차 같은 소비재의 가격이 천정부지로 솟는다고 생각하기 때문이다. 하지만 그들의 전문 기술의 대가를 대당 2.3달러로 환산해 보면 결코 과도한 보수가 아니라는 것을 금방 알 수 있다.

물론 이들 중에는 탐욕스러운 사람이 있을 수 있다. 그러나 그들은 자신의 탐욕을 채우기 위해서라도 그만한 반대급부의 효용을 창출해야만 한다. 내가 반복해서 말해온 것처럼, 만약 여러분이 원하는 모든 것을 얻고 싶다면 다른 사람 역시 그들이 원하는 것을 얻도록 도와주어야 한다. 자유시장 경제체제가 흥미진진한 이유도 바로 같은 이유 때문이다. 그것은 또한 우리가 지금 최상의 삶의 질을 누리고 있는 이유이기도 하다.

행동 계단

- 나는 오늘 내가 노력한 만큼 보상을 받는다는 것을 명심할 것이며, 따라서 최선을 다해 노력할 것이다.
- 나는 오늘 _____ 할 것이다.

*

삶이 줄 수 있는 최고의 선물은 일할 가치가 있는 일을 열심히 일할 수 있는 기회이다.

— 시어도어 루스벨트

······ 여러분의 언어
Your Language

최근에 나는 대기업의 총수와 이야기를 나눌 기회가 있었다. 우리는 이 회사의 전국 판매대회에서 강사로 모실 연사에 관해서 이야기를 나누었는데, 총수는 이 후보 연사의 강연 녹음을 들어보았다고 말했다. 강연 내용 자체는 훌륭했는데, 몇몇 점잖지 않은 이야기들이 문제가 되었다고 했다.

이 기업 총수는 그 후보 연사에게 그런 점잖지 않은 이야기들 때문에 강연을 맡길 수 없다고 말했다. 그 연사는 이 기업을 위해서는 그런 이야기들을 절대 하지 않겠노라고 약속했다. 하지만 총수는 다음과 같이 대답했다. "아닙니다. 우리는 그런 이야기를 일부러 뺄 필요가 없는 분을 찾고 있습니다. 아예 그런 얘기를 하지 않는 분을 찾고 있지요."

이상하게 들리는가? 그렇지 않다. 나는 "욕"을 정말 실감 나게 잘한다거나 더러운 농담을 잘한다고 해서 취직이 된 사람을 본 적이 없다.

또는 동네에 새로 이사 온 남자아이가 음담패설을 너무 잘해서 그 아이와 데이트를 했다고 말하는 소녀를 본 적도 없다. 반면에 외설적인 농담이나 명예 훼손적인 언어 때문에 직장을 잃거나 승진에서 누락되고 이성 친구에게 차이는 경우는 많이 보았다.

성공하는 사람, 정상에 이르는 사람들은 깨끗한 언어의 중요성을 누구보다 잘 아는 사람들이다. 만약 여러분도 여러분의 언어를 깨끗하게 가꾼다면, 성공의 기회는 훨씬 많아질 것이다.

행동 계단

- 나는 오늘 나의 언어를 더욱 조심할 것이며, 나의 언어가 다른 사람에게 미치는 영향에 대해서 더욱 주의를 기울일 것이다.
- 나는 오늘 _____ 할 것이다.

＊

선(goodness)이야말로 절대 실패하지 않는 유일한 투자이다.

― 헨리 D. 소로

Choosing

Choosing

선택

"어떤 길을 갈지 선택하는 사람이 어떤 곳에 도착하게 될는지도 선택하게 된다."

Courage 용기

Goals 목표

How To 방법

Love 사랑

Perseverance 인내

…… 기분

Moods

우울증은 아무것도 하지 않는 해로운 병이다. 또한 우울증은 삶에 희망이 없으며 해결책도 없고 아무런 의미가 없는 것처럼 보이는 느낌이다. 우리는 모두 장래가 그리 밝아 보이지 않는 것처럼 느낄 때가 있다. 곤경에서 헤어날 길이 전혀 보이지 않고, 햇살 대신 온통 먹구름만이 가득한 그런 때가 있는 법이다.

여러분 자신이 여러분의 기분을 통제할 수 있다는 사실을 알고 있는가? 여러분의 행동이 기분을 결정한다. 그 사실을 염두에 두고 다음의 세 가지 조언을 생각해 보라.

첫째, 모든 우울증의 근원에는 분노가 있음을 명심하라. 거의 모든 경우에 그 분노는 어떤 개인을 향한 것이다. 기억의 창고를 더듬어 보라. 여러분의 분노와 쓰라린 감정이 어떤 한 사람이나 다수의 사람을 향하고 있다면, 그들에게 가서 용서한다고 말하라. 그리고 그들에게 용서를 구하라.

둘째, 규칙적인 삶을 살도록 노력하라. 대부분의 경우 우울증은 빈둥거리는 삶과 관련이 깊다. "해야 할 일의 목록"을 만들고 규칙적으로 실천하라. 한 가지 해야 할 일을 끝낼 때마다 기분이 나아질 것이다.

셋째, 다른 사람을 도와주려고 노력하라. 캔자스 주 토피카에 있는 메닝거 클리닉의 칼 메닝거 박사는 만약 여러분에게 신경 쇠약 증세가 느껴지면, 문제가 있는 사람을 찾아서 그 문제를 해결하도록 도와주라고 말한다. 그렇게 하는 과정에 여러분 자신의 문제가 해결되는 경우가 많다는 것이다. 그것은 사실이다. 만약 여러분이 다른 사람들이 원하는 것을 얻도록 도와주면, 여러분이 원하는 것을 얻을 수 있다.

행동 계단

- 나는 오늘 다른 사람을 "몰래" 도와줄 것이다. 남모르게 누군가를 위해 친절한 일을 할 것이다.
- 나는 오늘 _____(이름) 에게 친절을 베풀 것이다.
- 나는 오늘 _____ 할 것이다.

*

행복이란 향수와 같다. 남에게 향수를 뿌리다 보면, 나 자신에게도 몇 방울은 떨어지는 법이다.

― 랠프 W. 에머슨

······ 통제
Control

"닭고기를 책임진" 사람은 오직 당신뿐임을 명심하라.

매사추세츠 주 주지사가 연임을 위해 선거 운동을 하고 있었다. 오전 내내 선거 운동으로 바빴고, 점심도 거른 채 오후 늦게 교회 바비큐에 도착했다. 그가 접시를 들고 테이블에 다가서자 피곤에 지친 중년 여성이 닭고기 한 조각을 접시에 올려주었다.

그가 말했다. "저, 실례합니다만 닭고기를 한 조각 더 주실 수 있습니까?"

그녀가 대답했다. "죄송합니다. 일 인당 한 조각입니다."

그가 재차 말했다. "제가 누군지 모르시겠습니까? 제가 바로 주지사 크리스천 허터입니다."

그러자 그녀가 응수했다. "나는 이 닭고기를 책임진 사람입니다. 비켜주시죠." 자신이 맡은 일에 대한 책임감을 그렇게 극단적으로 표현하는 것은 잘못된 일일지 모르지만, 그 정신만은 높이 살 만하다.

여러분은 오늘 어떤 책임을 맡았는가? 닭고기를 서빙하는 일이든, 아니면 주(state)를 관리하는 일이든 그 일에 책임을 지라. 그 일을 하되, 잘하고, 제대로 하라. 그 어떤 사람이나 어떤 일도 여러분의 책임감을 흐리지 못하게 하라. 가장 중요한 것은, 여러분이 "닭고기를 책임지는" 일을 맡지 못한다 할지라도, 여러분 자신의 삶에 대해서만은 반드시 책임져야 한다는 사실을 늘 명심하는 것이다. 또한 여러분의 미래 역시 여러분의 책임이다.

행동 계단

- 나는 오늘 내 삶에 대해서 책임을 질 것이며, 내가 나 자신의 미래를 통제하는 것임을 명심할 것이다.
- 나는 오늘 _____ 할 것이다.

*

어느 누구도 자신의 인품의 한계를 뛰어넘을 수는 없다.

— 로베스피에르

······ 높은 이상
High Ideals

공상의 나래를 펴고 일생의 꿈이 실현되는 모습을 그려보라.

어떤 경제학 교수가 학생들에게 난이도가 다른 세 종류의 시험지를 나누어 주면서 각자 한 문제를 골라 풀어 보라고 지시했다. 가장 어려운 문제로 구성된 첫 번째 시험지는 50점을 주고, 그다음 덜 어려운 시험지는 40점을, 가장 쉬운 세 번째 시험지는 30점을 주었다.

시험지를 돌려받았을 때, 50점에 해당하는 가장 어려운 문제들을 선택한 학생들은 A를 받았다. 40점짜리 문제들을 선택한 학생들은 B를 가장 쉬운 30점짜리 문제들을 선택한 학생들은 C를 받았다.

의아하게 생각한 학생들이 교수에게 채점 기준이 무엇이냐고 물었다. 교수는 미소를 띠며 다음과 같이 설명했다. "나는 여러분의 경제학 지식을 테스트한 것이 아니라 여러분의 목표를 시험한 것입니다."

랭스턴 휴즈(L. Hughes, 미국의 시인이자 소설가–옮긴이)는 다음과 같은 말을 남겼다. "꿈을 단단히 붙들라. 꿈이 사라지면, 인생은 더 이상 날 수 없는 날개 꺾인 새와 같다." 또한 브라우닝(R. Browning, 영국 빅토리아 시대를 대표하는 시인 - 옮긴이)은 "사람은 손에 닿을 수 있는 것 그 이상을 꿈꾸어야 한다. 그렇지 않다면 도대체 천국이 무슨 소용인가?"라고 말했다. 높은 목표를 정하고 노력하면 비록 그 목표를 이루지 못한다 할지라도 그 과정에서 많은 것을 얻게 된다. 꿈을 크게 가지고, 목표를 높이 세워 50점짜리 문제를 선택하라.

행동 계단

- 나는 오늘 내 인생의 50점짜리 문제를 선택할 것이다.
- 나는 오늘 _____ 할 것이다.

*

승리(triumph)의 비결은 첫음절(tri-try)에 있다.

······ 긍정적 반응
Positive Responses

여러분의 "폭발"(Blow-up)점은 여러분의 "상승"(go-up)점과 깊은 관련이 있다. 최근에 한 레스토랑에서 완전히 저녁 식사를 망쳐 버린 커플을 보았다. 웨이트리스의 사소한 건망증과 남자 손님의 다혈질이 빚어낸 결과였다. 사건의 발단은 다음과 같다.

남자 손님이 커피를 더 갖다 달라고 부탁했다. 웨이트리스는 곧 그러겠다고 대답했다.

그런데 커피를 가지러 가는 길에 다른 손님이 비행기 시간이 촉박하기 때문에 계산서를 빨리 갖다 달라고 부탁했다. 웨이트리스는 계산서를 먼저 갖다 주다가 그만 커피에 대해서는 잊어버리고 말았다. 약 3분 정도의 시간이 흘렀고 애초에 커피를 부탁했던 남자 손님의 화가 폭발하고 만 것이었다. 그리고 그 이후 그 커플의 저녁은 완전히 엉망이 되고 말았다.

이런 사소한 일 때문에 모처럼의 외식이나 특별한 이벤트를 망쳐 버리는 일이 비일비재하다는 사실은 너무나 부끄러운 현실이다. 사실 이와 비슷한 상황이 가족의 유대에서부터 사업의 성공까지 우리 삶에 많은 영향을 미치고 있는 것이 사실이다. 우리 인품의 크기는 우리가 얼마나 쉽게 화를 내는가에 달려 있다는 말이 있다. 따라서 나는 여러분께 이렇게 묻고 싶다. "여러분의 '폭발' 점은 얼마인가?" "폭발"점은 낮추고 여러분의 "상승"점은 높이기 바란다!

행동 계단

- 나는 오늘 모든 상황에서 반응하기 전에 잠시 숨을 고르고 나 자신과 운명을 다스릴 것이다.
- 나는 오늘 _____ 할 것이다.

*

길을 가든지 혹은 토론을 할 때, 빨간 불을 보면 멈추어라!

…… 인품
Character

방송인 크리스 셍켈은 1952년 이래 "스포츠계의 신사"로 불렸다. 셍켈에 따르면 그것은 가식이 아니었다. 셍켈의 방송 스타일이 너무 칭찬 일변도이며 비판이 부족하다는 지적에 대해 그는 다음과 같이 대답한다. "나는 나의 가치관에 충실하게 살아왔습니다. 다시 과거로 되돌아 간다고 할지라도 조금도 변하지 않을 것입니다. 좀 더 비판적인 태도를 취하라는 압력을 받아왔지만, 나는 지금까지 내 소신을 지켜왔으며 앞으로도 변하지 않을 것입니다."

크리스 셍켈은 1930년대부터 방송인의 꿈을 키워왔다. 농구 시합의 라디오 방송 중계를 들으면서 해설자의 스타일을 흉내 내기도 했다. 그의 아버지는 크리스를 위해 초창기 오디오 디스크 녹음기를 사주었고, 그는 방송 게임을 녹음한 다음 그것을 들으면서 아나운서를 흉내 내는 연습을 했다. 퍼듀대학 신입생 시절에는 여름 동안 인디애나 주 먼시의

WLBC 방송국에서 주급 18달러를 받고 일했다. 광고 문구를 작성하고 고객들로부터 광고비를 받았으며 시간을 알리는 일을 했다. 1952년에는 ABC 권투 시합의 라디오 방송 아나운서 일을 시작했고, 텔레비전 방송이 시작되자 뉴욕 자이언츠의 풋볼 게임을 중계하기 시작했다.

그는 그 이후 자신의 가치관대로 열심히 살아왔으며, 이제 미국에서 가장 존경받는 방송인 중 한 명이 되었다. 그는 칭찬하는 방송인으로 일가를 이루었으며, 비판을 즐겨하지 않았다. 여러분의 원칙대로 사는 것을 두려워하지 마라. 여러분이 옳다고 믿는 것을 당당하게 표현하라. 크리스 셍켈의 말처럼, 여러분의 행동이 여러분의 인품을 드러내는 법이다.

행동 계단

- 나는 오늘 "나의 행동이 나의 인품을 드러낸다"는 말을 명심하고 그대로 살 것이다.
- 나는 오늘 _____ 할 것이다.

*

인품이란 지속되는 습관일 뿐이다.

······ 이타심
Selflessness

인도네시아에는 "우파스"(upas)라는 나무가 있다고 한다. 이 나무에는 독성이 있어 거대하게 자라면 주위의 모든 식물을 고사시킨다고 한다. 다른 식물들 위에 나뭇가지를 드리우고 그늘을 만들어서 결국에는 고사하게 만드는 것이다. 미안한 말이지만 사람들 가운데도 이 나무와 같은 사람들이 있다. 아마 여러분도 그런 사람을 본 적이 있을 것이다.

그들은 자기중심적이며 다른 사람 위에 군림하려 든다. 또한, 모든 칭찬과 관심을 독차지하려고 한다. 다른 사람을 돕는 데는 전혀 관심이 없고 그들을 이용하는 데는 관심이 많다. 우파스 나무처럼 그들은 주위 사람들이 꽃을 피우고 성장할 수 있는 기회를 전혀 제공하지 않는다.

그런가 하면, 내게는 어린 시절 철로 위에서 중심을 잡는 놀이를 하던 기억이 있다. 혼자서는 중심을 잡으면서 그리 멀리 걸어가지 못했다. 하지만 다른 선로 위에 친구가 서서 서로 손을 맞잡고 중심을 잡도록 도와주면 지구 끝까지라도 걸어갈 수 있었다.

여러분과 나는 선택할 수 있다. 우파스 나무처럼 이기적인 독성을 내뿜으며 나만 생각하고, 내가 원하는 것만 추구할 수도 있다. 또한 우리는 손을 내밀어 다른 사람을 도와주며 함께 인생의 길을 걸어갈 수도 있다. 디즈레일리(B. Disraeli, 영국의 정치가이자 문인 – 옮긴이)는 이렇게 말했다. "인생을 허비하기에 우리의 인생은 너무 짧다." 사실이다. 여러분은 다른 사람들을 돕는 삶을 살 수도 있고, 이기적인 욕망을 위해 삶을 허비해 버릴 수도 있다. 여러분은 다른 사람을 이용할 수도 있고, 그들과 친구가 될 수도 있다.

행동 계단

- 나는 오늘 나의 도움이 필요한 사람들에게 다가가 도움의 손길을 내밀 것이다.
- 나는 오늘 _____ 할 것이다.

*

친절이란 일방적으로 줄 수 없는 것이다. 그것은 반드시 되돌아온다.

‌‌⋯⋯⋯ 문제들
Problems

케첩 병의 뚜껑을 따는 것 같은 간단한 일일지언정, 여러분은 오늘도 문제와 맞닥뜨리게 될 것이다. 나는 '문제'를 좀 더 현실적인 의미에서 '기회'라고 정의한다. 여러 '기회'를 다루고 처리하는 것은 우리의 일상적인 삶의 일부분이라 할 수 있다. 아침에 잠자리에서 일어나는 순간부터 밤에 잠자리에 드는 순간까지 거의 모든 삶의 영역에서 우리는 기회와 맞부딪히게 된다.

성숙하고 성공적인 삶이란 이런 기회를 최대한 빨리, 그리고 조용히 처리하는 방법을 배우는 것이라 할 수 있다. 뛰어난 경영자는 오랜 경험을 바탕으로 책상 위의 결재 서류를 빠르게 처리할 수 있다. 어린아이를 셋 키우면서 살림하는 가정주부도 여러 가지 다양한 기회들을 능숙하게 처리한다.

'기회'를 해결하는 것은 우리가 성숙해가는 과정에서 매우 중요한 역할을 감당한다. 사실 고용주가 평가하는 우리의 가치는 우리가 매일 해결하는 '문제'의 수와 크기에 정비례하는 것이다. 따라서 '기회'가 생기면, 그것의 의미를 정확히 파악하고 감사하는 마음을 가져라. 또한, 그것을 재빨리 분석하는 기술을 배우고, '문제'가 아니었다면 여러분의 직책이 아예 필요하지 않았을 수도 있다는 사실을 명심하라. 대부분의 직업은 '문제'를 해결하는 것임을 명심하라.

행동 계단

- 나는 오늘 나의 문제를 기회로 생각하며, 문제를 해결함으로써 나의 가치를 높일 수 있다는 것을 명심할 것이다.
- 나는 오늘 _____ 할 것이다.

*

기회의 문은 "미세요"(push)와 "당기세요"(pull)로 표시되어 있다.

······ 행복
Happiness

나는 누구나 인생을 즐겨야 한다고 믿는다. 여러분이 얼마나 바쁘게 살든지, 여러분에게는 행복과 불행, 둘 중 하나를 선택할 시간이 있다. 여러분은 아침에 잠자리에서 일어나면서도 자기도 모르는 사이에 행복과 불행 중 하나를 선택했다.

캐럴 버넷(C. Burnett, 미국의 배우 - 옮긴이)은 최근에 어린아이들이 쓴 시집을 선물로 받았다. 그중 패트리샤라는 아이는 다음과 같은 시를 썼다. "행복이란 추운 밤 따뜻한 이불 속에 몸을 웅크리는 것이다. 행복은 그냥 행복한 것이다." 그렇다. 행복이란 그냥 행복한 것이다.

준 콜우드(J. Callwood, 캐나다 언론인 - 옮긴이)는 행복을 찾아 나선 역사가 윌 듀랜트(W. Durant)의 일화를 들려준다. 윌 듀랜트는 지식에서 행복을 찾았지만, 환멸을 느낄 뿐이었다. 여행을 통해 행복을 찾았지만, 피곤만 쌓였으며, 부에서 행복을 구했지만 불화와 걱정만 늘었다. 저술을 통해 행복을 추구했지만, 지칠 뿐이었다. 어느 날 그는 잠자는 아기를 품에 안고 기차를 기다리는 한 여인을 보게 되었다. 기차가 도착한 후, 한 중년 신사가 기차에서 내리더니 그 여인에게 다가가서 부드럽게 여인과 아기에게 키스하는 모습을 지켜보았다. 아기가 잠에서 깨지 않도록 아주 조심스럽게 키스하는 것이었다. 그 가족은 곧 떠났지만, 듀랜트는 그 모습을 보고 큰 감명을 받았으며, 일상의 소소한 모습 속에 행복이 있다는 놀라운 사실을 깨닫게 되었다.

여러분도 행복과 성공을 추구하면서 일상의 소소한 행복을 놓치지 마라. 또한 행복은 키스와 같다는 것을 명심하라. 키스가 주는 기쁨을 누리려면 누군가에게 먼저 키스를 해야 하는 법이다!

행동 계단

- 나는 오늘 누군가에게 먼저 행복을 전해 줄 것이다. 그리고 그에 따르는 작은 행복을 맛볼 것이다.
- 나는 오늘 _____ 할 것이다.

*

어리석은 사람은 행복을 먼 곳에서 찾는다. 지혜로운 사람은 바로 곁에 있는 행복을 누린다.

— 제임스 오펜하임

······ 끝까지 해내기
To Follow Through

95세인 헬렌 힐은 정말 멋진 고등학교 시절을 보냈다고 이야기한다. 비록 고등학교를 졸업하지는 못했지만 말이다. 그녀와 다섯 명의 급우들은 정식 졸업장을 받지 못했다. 왜냐하면, 다니던 학교가 부채 때문에 문을 닫았기 때문이다. 하지만 기쁘게도 헬렌 힐은 마침내 졸업장을 받을 수 있었다. 메인 주 사우스 토마스턴의 최고령자이자 1907년도 졸업생 중 유일한 생존자인 힐 여사는 1983년 5월 마침내 고등학교 졸업장을 받았다. 고등학교를 졸업한 지 76년만의 일이었다!

꿈꾸고 배우며 변신하기에 너무 늦은 나이란 없다. 칼 카슨은 불과 64세에 직업을 바꾸어보기로 결심했다. 성공적인 자동차 리스 사업으로부터 컨설팅 사업으로의 변신이었다. 처음 그의 목표는 고객을 열 명 확보하는 것이었다. 1983년에 그는 이 목표를 달성했다. 지금은 매월 보고서를 출간하고 있으며, 1천2백 명의 정기 구독자가 구독하고 있다.

또한, 전국을 종횡무진하며 연간 120회나 연설을 한다. 칼 카슨은 현재 75세이다.

꿈꾸며 배우고 변신하기에 너무 늦은 때란 없다. 사람들은 언제나 변명거리를 찾는다. 나이가 너무 많거나 너무 어려서 또는 인종이나 성별 때문에 안 된다고 말한다. 인생은 쉽지 않지만 힘든 만큼 그에 따르는 보상이 있다. 시간을 붙들 수는 없지만 부정적인 생각은 멈출 수 있다. 여러분만이 가지고 있는 능력을 지금부터 활용하라.

행동 계단

- 나는 오늘 내가 할 수 없는 것이 아니라 할 수 있는 것에 집중할 것이다.
- 나는 오늘 ＿＿＿＿＿＿＿＿＿＿＿＿＿＿＿＿ 할 것이다.

*

경험에 비추어 볼 때 성공하기 위해서는 능력보다 열정이 더 중요하다. 승리하는 사람은 자신이 하는 일에 자신의 몸과 영혼을 다 쏟아 붓는 사람이다.

— 찰스 벅스턴

······ 실패하기
To Fail

성공에 이르는 길은 이미 실패를 맛본 사람들로 가득하다. 모순처럼 보이는가? 하지만 사실이다. 성공으로 가는 길은 실패로 가득하다. 여러분은 "어떻게 그럴 수 있지요?"라고 물을지 모른다. 그 대답은 다음과 같이 매우 간단하다. 결국 성공하는 사람은 실패를 두려워하지 않는 사람이다. 그들은 무슨 일에든지 실패의 가능성이 상존한다는 사실을 잘 안다. 물론 그들도 실패를 좋아하지는 않는다. 실패를 혐오할 수도 있다. 하지만 결코 실패를 두려워하지 않는다.

역사상 가장 위대했던 홈런왕이 동시에 오랜 기간 동안 삼진왕이었다는 사실을 알고 있는가? 그렇다. 전설적인 홈런왕이었던 베이브 루스는 미키 맨틀(M. Mantle)이 기록을 깰 때까지 미국 프로야구의 삼진왕이었다. 하지만 베이브 루스는 결코 삼진당하는 것을 두려워하지 않았다.

정말 흥미로운 사실이 아닌가? 성공에 이르는 길이 실패로 가득하다는, 일견 이상하게 들릴 수도 있는 진술의 깊은 뜻을 잘 보여 주는 일화가 아닐 수 없다. 혁신을 이루어 낸 사람들, 실험가들, 도전자들은 많은 실패를 거쳤지만, 결코 실패에 머무르지 않았다. 그들은 넘어질 때마다 다시 일어나서 또 다시 도전해야 한다는 사실을 깨달았다. 아무리 넘어져도 다시 일어서면 실패자가 아니라는 사실을 알았다. 여러분도 당당하게 타자석으로 나가서 가능성이 어떻든 간에 최선을 다해서 방망이를 휘두르기 바란다.

행동 계단

- 나는 오늘 모든 실패가 성공의 밑거름이라는 사실을 명심하고 실패를 성취로 바꿀 것이다.
- 나는 오늘 ＿＿＿＿＿＿＿＿＿＿＿＿＿＿＿ 할 것이다.

*

많은 사람이 실패를 맛보지 않는 이유는 결코 시도하지 않기 때문이다.

― 노만 맥이완

······ 친절한 사람들
Friendly People

단 한 번의 나쁜 경험으로 사람을 판단하지 말고, 한 명의 불량 시민으로 도시 전체를 매도하지 말아라. 다음의 사례가 그 이유를 잘 보여 준다.

뉴욕에서 한 젊은 커플이 텍사스 주 댈러스 시로 이사 왔다. 불행히도 그들이 제일 먼저 만난 사람은 타이타닉호의 승객 사무장 같은 사람이었다. 그 커플은 모든 텍사스 사람이 그 사람과 같을 것이라는 잘못된 결론을 내리고는, 텍사스 사람은 이때까지 그들이 만난 사람 중에 가장 불친절하다고 불평을 늘어놓았다. 그래서 텍사스에 온 지 몇 달이 지났지만 새로운 친구를 전혀 사귈 수 없었다고 불평했다. 그런 부정적인 태도로 새 친구를 사귄다는 것은 힘든 일이었을 것이다.

다행히도, 어느 날 저녁 한 커플이 이 커플을 데리고 나가서 도시를 구경시켜 주며 "진짜" 댈러스의 진면목을 보여 주었고, 그것으로 이 커플의 오해가 풀렸다. 또한 그들은 이 커플에게 성심껏 좋은 이웃들을 소개시켜 주었고, 이 커플을 교회와 스포츠, 사교 모임 등에 데리고 갔다. 이 커플은 마침내 진정한 댈러스와 텍사스 사람의 모습을 보게 된 것이다. 오늘날 이 커플은 많은 텍사스 사람들과 친구로 지내고 있으며, 대부분의 토박이 텍사스 사람보다 더 열렬하게 텍사스를 자랑하고 있다.

"겉표지로 책을 판단하지 마라"는 옛 격언은 책뿐 아니라 사람, 도시, 사업, 학교 등 무엇을 판단하든지 적용될 수 있는 사실이다. 그 메시지는 분명하다. 한 번의 불미스러운 경험이 있었다고 해서 한 사람이나 도시를 성급하게 매도하는 잘못을 범하지 말라는 것이다. 한 번 더 기회를 주라. 그것이 그들과 여러분 모두를 위한 길이다.

행동 계단

- 나는 오늘 ＿＿＿＿＿＿＿(이름) 와 ＿＿＿＿＿＿＿(이름) 에 대한 편견을 버리고, 그들의 진면목을 알아볼 것이다.
- 나는 오늘 ＿＿＿＿＿＿＿＿＿＿＿＿＿ 할 것이다.

*

우리는 언제나 친절을 베풀 수는 없을지라도, 언제나 친절하게 말할 수는 있다.

— 볼테르

······ 세우기
To Build

미네소타 주 미니애폴리스의 아크 북스에서 출간한 『이름에 담긴 뜻』(*What's in a Name?*)이란 책은 특이하면서도 흥미로운 책이다. 대략 7백여 개의 이름에 담긴 뜻과 성격 특성, 관련된 성경 구절과 해설을 담고 있다.

이 책의 서문에는 클레이턴이라는 소년의 일화가 실려 있는데, 이 소년의 친구들은 그를 주로 클레이라고 불렀다고 한다. 클레이의 삼촌은 클레이(clay)의 뜻을 흙(dirt)이라고 알려주었는데, 이는 클레이에게 자신의 이름에 대해 좋지 않은 첫인상을 심어 주었다. 클레이는 평생 부정적인 자아 이미지와 태도 때문에 고생했는데, 어느 날 이 책의 편저자 중 한 사람인 존 하첼을 만나면서 새로운 전기를 맞았다. 존은 클레이에게 클레이(clay)가 단지 흙을 의미할 뿐 아니라 매우 중요한 재료이며, 토기장이의 손에 의해 아름답고 유용한 작품으로 거듭난다는 것을 설명해 주었다. 또한, 신께서 그분의 특별한 사람들을 클레이(진흙)에 비유하셨다고 덧붙였다. 그 이후로 클레이턴은 자신의 고유한 가치를 깨달았으며, 인생에 대한 새로운 비전과 도전을 품게 되었다.

클레이의 이야기는 슬프면서도 깨달음을 주는, 흥미진진한 이야기다. 삼촌의 경솔한 말 한마디가 사랑하는 조카에게 불행을 안겨주었다는 점에서는 슬픈 이야기다. 하지만 올바른 정보를 얻는 것의 중요성을 깨우쳐 준다는 점에서는 깨달음을 주는 이야기이며, 마지막으로 우리가 모두 생각을 바꿈으로써 우리의 인생을 바꿀 수 있다는 사실을 보여 준다는 측면에서 흥미진진한 이야기이다.

행동 계단

- 나는 오늘 나의 말에 실린 힘을 제대로 알고, 그것을 긍정적으로 사용할 것이다.
- 나는 오늘 _____ 할 것이다.

＊

인류가 저지른 가장 사악한 일들은 사악한 말들 때문에 저질러졌다.

— 제임스 B. 코넌트

...... 미덕
Virtue

연예계의 슈퍼스타였던 프레디 프린즈(F. Prinze)의 죽음 이후에 할리우드의 칼럼니스트인 로나 바레트(R. Barrett)는 다음과 같은 질문을 받았다. "연예, 음악, 스포츠계를 망라해서 슈퍼스타 중에 고의나 사고로 목숨을 잃을 수 있을 만큼 위험한 상태에 있는 사람을 알고 계십니까?" 로나는 이렇게 대답했다. "슈퍼스타 중에 고의나 사고로 자기 목숨을 끊을 만큼 위험한 상태에 있지 않은 사람을 한 사람도 본 적이 없는 것 같네요. 정말로 행복해 보이는 사람을 한 명도 못 보았어요."

정말 슬픈 일이다. 그렇지 않은가? 겉으로 보기에는 이 사람들은 모든 것을 가진 것처럼 보인다. 그들은 젊고 건강하며 부유하고 명성을 날리며 경호원을 고용해야 할 만큼 팬들의 전폭적인 인기를 누린다. 그러나 이 모든 것에도 불구하고 그들은 행복하지 않다. 그 이유는 간단하다. 여러분이 무엇을 가지고 있는가가 여러분을 행복하게 만드는 것이 아니라, 여러분이 어떤 사람인가가 행복을 결정짓기 때문이다.

부모들이여, 자녀들에게 "물건"을 사주는 데 많은 돈을 쓰지 말기 바란다. 대신 여러분 자신, 여러분의 시간, 그리고 무조건적인 사랑을 주라. 그들에게 오랜 미덕인 정직, 인품, 성실, 믿음, 사랑, 충성, 그리고 신뢰를 가르치라. 이런 미덕을 통해 여러분의 자녀는 스스로의 행복을 만들어 갈 수 있을 것이다.

행동 계단

- 나는 오늘 사랑하는 이들과 가치 있고 의미 있는 시간을 보낼 것이다.
- 나는 오늘 긍정적인 태도를 통해 "오랜 미덕"을 가르칠 것이다.
- 나는 오늘 ＿＿＿＿＿＿＿＿＿＿＿＿＿＿＿＿＿ 할 것이다.

*

미덕이 있는 사람은 현명하며, 현명한 사람은 착하다. 그리고 착한 사람은 행복하다.

······ 후퇴
Retreat

전 헤비급 복싱 챔피언인 진 터니(G. Tunney, 1926~1928 세계 헤비급 챔피언 – 옮긴이)는 잭 뎀프시(J. Dampsey, 1919~1926 세계 헤비급 챔피언 – 옮긴이)와의 일전을 대비해서 뒤로 달리는 연습을 했다고 한다. 뎀프시를 두려워한 것은 아니지만, 그의 살인적인 펀치만큼은 인정했다. 만약 뎀프시의 펀치를 제대로 맞으면 큰 충격을 받게 될 것이고, 충격을 받은 복서는 보통 본능적으로 달려들다가 KO를 당할 가능성이 많기 때문이다.

본능적으로 달려드는 잘못을 범하지 않기 위해서, 터니는 수 마일씩 거꾸로 달리는 훈련을 거듭했다. 롱 카운트(long count)로 유명한 시합에서 터니의 전략은 주효했다. 롱 카운트에서 다시 일어선 터니는 뎀프시의 공격을 피해 다니며 시간을 지연하는 전술로 그 라운드를 무사히 끝냈다. 그리고 다시 기운을 차린 터니는 다음 라운드에서 뎀프시를 KO시켰고 시합을 이겼다.

터니가 이길 수 있었던 것은 미리 대비를 했기 때문이다. 우리는 모두 인생에서 어려움을 만날 때가 있다. 우리가 상황을 바꿀 수는 없기 때문에, 부정적인 상황이나 사람들을 대처할 수 있도록 우리 자신의 태도를 미리 준비시켜 놓아야 한다. 그것이 바로 일상 가운데 매일 찾아오는 기회를 쟁취하는 방법이다.

행동 계단

- 나는 오늘 내가 해야 할 주요 행동을 마음속으로 그려봄으로써 다가올 기회를 미리 준비할 것이다.
- 나는 오늘 _____ 할 것이다.

*

우리는 찾는 만큼 볼 수 있다.

— 존 러복

······ 미래
The Future

기회란 사람에게 찾아오는 것일까, 아니면 어떤 직업에 따라오는 것일까? 정답은 아마도 둘 다일 것이다. 많은 택시 회사들이 생존을 위해 몸부림치는 현실 속에서 택시 사업을 잘하고 있는 분을 개인적으로 알고 있다. 또한 도산하는 주유소들이 있는가 하면, 번창하는 주유소도 있다.

여러 사례보다는 한 가지 사례를 집중적으로 생각해 보자. 나는 공항이나 호텔에서 승객을 기다리는 택시 기사들을 유심히 살펴보곤 한다. 그들은 짧게는 5분에서 길게는 3시간이나 승객을 기다리며 마냥 시간을 보낸다. 대부분 담배를 피우거나 라디오를 듣거나 아니면 어슬렁거리며 지루함을 달랜다. 하지만 기다리는 시간을 잘 활용하면 더 나은 직업을 얻을 수 있는 귀중한 교육의 기회를 잡을 수 있지 않을까? 컴퓨터 공학이나 기초적인 법률지식을 공부할 수도 있을 것이다.

하루에 15분이면 1년에 평균 15권의 책을 읽을 수 있다. 요점은 다음과 같이 간단하다. 여러분이 무슨 일을 하든지 간에, 여러분의 발전을 위해 남는 시간을 잘 활용하라.

행동 계단

- 나는 오늘 남는 시간을 효과적으로 사용할 구체적인 계획을 세울 것이다.
- 나는 오늘 _____ 할 것이다.

*

과거는 미래의 현재이다.

— 루이스 L. 만 박사

······ 불편
Discomfort

오래전에 헤비급 챔피언인 "젠틀맨 짐" 코르벳은 로드워크를 하다가 그물을 끌어 올리는 어부를 보았다. 그런데 그 어부는 작은 고기는 챙기고 큰 고기는 다시 던져버리는 것이 아닌가! 호기심이 발동한 젠틀맨 짐은 어부에게 왜 작은 고기는 챙기고 큰 고기는 다시 물로 던져버리는지를 물어보았다. 그러자 어부는 다음과 같이 대답했다. "나도 정말 이러고 싶지는 않아요. 하지만 다른 선택의 여지가 없어요. 내게는 작은 프라이팬밖에 없으니까요."

우스운가? 하지만 그는 바로 여러분과 나의 이야기를 하는 것이다. 우리에게 정말 대단한 아이디어가 떠오를 때, 우리는 다음과 같이 말할 때가 많다. "오, 주님. 그렇게 큰 아이디어는 원하지 않습니다. 내게는 작은 프라이팬밖에 없다니까요!" 우리는 또한 이렇게 항변하기도 한다. "주님, 게다가 그것이 정말 좋은 아이디어라면 누군가가 벌써 생각했겠지요. 제게는 그냥 작은 아이디어면 충분합니다. 지금 이대로가 그냥 편안하다니까요. 머리 싸매고 땀 흘리며 고생하고 싶지 않다니까요."

이 이야기가 주는 교훈은 좋은 아이디어가 떠오를 때, 과감하게 그것을 실천에 옮기라는 것이다. 좋은 아이디어를 주신 하나님께서는 그 큰 꿈이 현실이 될 수 있도록 작은 도움들도 마다치 않으실 것이다.

행동 계단

- 나는 오늘 나의 "프라이팬"을 큰 것으로 바꿀 것이며, 현실에 안주하지 않고 도전할 것이다. 그렇게 하기 위해서 다음의 단계를 실천할 것이다. ① _____ ② _____ ③ _____
- 나는 오늘 _____ 할 것이다.

*

작은 냄비는 금방 끓어오른다.

······ 이윤
Profit

나는 소년 시절에 식료품 가게에서 일했다. 하루는 손님도 없었고, 주인은 점원들이 빈둥거리는 것 같아서 심기가 좋지 않았다. 그래서 나를 지목하더니 한 선반을 가리키며 먼지를 털고 깨끗이 닦으라고 말했다. 나는 무심결에 불만 섞인 목소리로 대답했다. "앤더슨 씨, 거기에는 토마토 캔 2개밖에 없는데요?"

나의 대답은 분명히 주인이 원하던 반응이 아니었다. 그는 선반 쪽으로 가던 나를 갑자기 불러 세우더니 이렇게 말했다. "토마토 캔이 2개밖에 없다고? 원래는 24개가 상자에 담겨서 들어왔지. 22개는 이미 팔았단 말이다. 즉, 투자한 돈을 회수했다는 말이지. 우리 가게의 이윤은 저 마지막 두 캔에 담겨 있어. 그 이윤으로 자네에게 급료를 주는 것이지. 자, 이제 저 두 캔이 어떻게 보이지?" 나는 그를 바라보며 미소를 띤 채로 대답했다. "앤더슨 씨, 토마토 캔이 정말 아름다워 보이는데요!"

우리가 해야 할 일은 주인이 더 많은 이윤을 얻을 수 있도록 최선을 다하는 것이다. 그래야 주인도 더 많은 급료를 줄 수 있는 것이다! 그것이 우리와 주인 모두 잘되는 길이다.

행동 단계

- 나는 오늘 다른 사람이 원하는 것을 얻을 수 있도록 도와준다면 내가 원하는 것도 얻을 수 있다는 사실을 명심할 것이다.
- 나는 오늘 _____ 할 것이다.

*

"어떻게" 맡은 일을 해낼지에 대해서 관심을 기울여라. 그러면 "얼마나 많이" 받을 수 있을지의 문제는 저절로 해결될 것이다.

······ 도움의 손길
A Helping Hand

가장 가련한 사람 중의 하나는 "헛된 희망의 포로"이다. 아마 여러분도 그런 사람을 본 적이 있을 것이다. 언젠가 부자 친척이 죽으면 막대한 유산을 자기에게 남겨 주리라는 그런 희망을 품고 사는 사람을 말한다. 또는 언젠가 길을 걷다가 평생을 보장할 만큼 많은 현금이 가득 담긴 상자를 우연히 줍게 되리라는 그런 희망을 품는 사람이다.

바닷가로 나가서는 배가 언제쯤 귀항할지를 기다리는 그런 사람이다. 사실 배가 항구를 떠난 적도 없다는 사실을 잘 알면서도 말이다. 이런 사람이 특별히 가련한 이유는 사실 많은 경우 그들에게는 진정한 가능성이 있기 때문이다.

헛된 희망의 포로들은 진정한 도움의 손길이 자신의 옷소매 끝에 있다는 사실을 아직 깨닫지 못한 사람들이다. 바로 거기에 도움의 손길이 있다! 만약 여러분이 여러분의 옷소매 끝에 달린 손들을 활용한다면, 지금 여러분을 괴롭히고 있는 많은 문제들에 대한 해답을 얻을 수 있을 것이다.

행동 계단

- 나는 오늘 내 행동에 대한 책임을 질 것이며, 내 옷소매 끝에서 도움의 손길을 찾을 것이다.
- 나는 오늘 ＿＿＿＿＿＿＿＿＿＿＿＿＿＿＿＿＿ 할 것이다.

*

만약 내가 나 자신을 돕지 않는다면 누가 도와줄 것인가? 반대로 내가 나 자신만 위한다면, 나는 도대체 어떤 존재이겠는가?

— 힐렐

…… 행동
Action

　여러분은 일을 직접 추진하는 사람, 일이 진행되는 것을 관망하는 사람, 그리고 일에 전혀 관심이 없는 사람 중 어떤 유형의 사람인가? 사람은 행동파, 관망파, 무관심파 이렇게 세 종류로 나누어 볼 수 있다.

　행동파는 늘 활기가 넘치는 사람들로서 새로운 방식을 시험해 보고 새로운 제품을 시연해 보기를 즐긴다. 또한 가족과 지역사회의 활동에 깊이 관여하며 새로운 아이디어에 관심을 가지고 그것을 행동으로 옮겨 보는 것을 좋아한다.

　관망파는 새로운 아이디어에 관심은 있지만, 누군가 먼저 나서서 그것을 대신 시험해 주기를 기다리는 사람들이다. 모든 위험 요소가 제거되고 모든 것이 제대로 작동한다는 것을 알고 난 다음에야 비로소 행동에 옮기는 사람들이다.

　마지막으로 무관심파는 새로운 아이디어에 관심도 없고 다른 사람들이 그것을 시험해 보는 것에도 무관심한 사람들이다. 그들은 그저 타성에 젖어 편안하게 살기를 바라지만, 그렇게 사는 것은 오직 내리막길뿐이라는 것을 깨닫지 못한다.

나는 오늘 여러분에게 행동하고 탐구하라고 권면하고 싶다. 그 선택은 전적으로 여러분에게 달려 있다. 우리는 행동하기로 선택함으로써 행동파가 되는 것이다.

행동 계단

- 나는 오늘 행동파가 되기로 선택함으로써 행동하는 습관을 기를 것이다.
- 나는 오늘 ＿＿＿＿＿＿＿＿＿＿＿＿＿＿＿＿＿＿＿ 할 것이다.

*

열심히 사는 사람은 한 명의 악마에게 유혹을 받는다. 반면에 게으른 사람은 한 무리의 악마에게 유혹을 받는다.

— 토머스 풀러

······ 여러분의 정신 건강
Your Mental Health

시청하지도 않으면서 라디오나 텔레비전을 켜 놓는 사람들이 많다. 그것은 매우 위험한 행동이다.

여러분이 주의를 기울여서 시청할 때에는 여러분의 의식이 무의식의 세계를 보호한다. 엉뚱한 주장이나 생각, 진술들이 무의식에 영향을 미치지 못하도록 차단하는 것이다. 하지만 여러분이 의식적으로 주의를 기울이지 않을 때는(심지어 졸고 있을 동안에도), 여러분의 무의식이 파괴적인 개념들에 무방비 상태로 노출된다. 집안이 너무 적적한 것 같아서 다른 일을 하면서도 텔레비전을 켜 놓는 주부들도 마찬가지로 나쁜 영향을 받는다.

그러므로 부모들이여, 자녀가 텔레비전이나 라디오를 켜 놓아야 더 공부가 잘된다고 하는 말을 들어 주지 마라. 외부의 소리는 공부에 집중하지 못하게 할 뿐 아니라, 무의식을 통해 많은 쓰레기 같은 정보를 주

입한다.

행동 계단

- 나는 오늘 나의 생각을 능동적으로 다스릴 것이다.
- 나는 오늘 _____ 할 것이다.

*

닫힌 마음(mind)이란 수수께끼와 같다. 들어가는 것이 없어도 끊임없이 이상한 것들이 나온다.

— 로렌스 던피

······ 좋은 습관
Good Habits

인생이라는 게임에서 우리는 모두 정상을 향해 달려가며, 언젠가 성공하리라는 희망을 품고 열심히 일한다. 그러나 이런 목적을 달성하기 위해서는 다음과 같은 사실을 이해해야만 한다. 그것은 바로 우리가 의식적으로 좋은 습관을 기르도록 노력하지 않으면, 우리도 모르는 사이에 나쁜 습관이 몸에 밴다는 사실이다. 성공한 사람들은 모두 하기 싫어하는 일이나 잘하지 못하는 일이 몸에 배도록 습관을 들인 사람들이다.

흥미로운 사실은 우리의 성품 중 많은 부분이 나쁜 습관에 의해 얻어진 것이라는 사실이다. 두려움도 습관이다. 자기 연민, 패배의식, 불안, 절망, 낙심도 습관이다. 불평, 불만, 투정도 모두 나쁜 습관이다. 부정적인 태도 역시 나쁜 습관이다.

이런 나쁜 습관을 없앨 수 있는 간단한 해결책이 있다(나는 이 해결책이 쉽다고는 말하지 않았다. 간단하다고 했을 뿐이다). 그 해결책은 바로 "나는 할 수 있다"(I can)와 "나는 할 것이다"(I will)이다. 자, 이제 이 두 가지 해결책을 굳게 결심하라. 그러면 여러분은 인생의 승자가 될 것이다.

행동 계단

- 나는 오늘 반복해서 "나는 할 수 있다"와 "나는 할 것이다"를 말함으로써, 의도적으로 좋은 습관을 만들어 나갈 것이다.
- 나는 오늘 _____ 할 것이다.

*

좋은 결심은 나쁜 습관보다 깨뜨리기가 훨씬 쉽다.

..... 친구들
Friends

    여러분은 친구들로부터 좋은 영향이든, 나쁜 영향이든 영향을 받을 수밖에 없다.

    일리노이 주 벨빌에 위치한 벨빌 타운십 고등학교에서 거행된 1979년 하이 라이프 시민상 수상자 중 4명의 젊은이는 초등학교 시절부터 함께 자란 11명의 친구 중 네 사람이었다. 재미있는 사실은 그들 11명 모두가 8명을 뽑는 수상자 최종 후보에 들었다는 사실이다. 정말 대단한 인연이 아닐 수 없다.

    여러분은 좋아하든, 싫어하든, 관심이 있든 없든 간에, 함께 어울려 지내는 사람들의 영향을 받을 수밖에 없다. 최근에 이런 현상을 가리켜 "또래집단의 압력"(peer group pressure)이라는 표현을 쓴다. 많은 경우에 마약 남용이나 성적으로 문란한 생활과 관련한 또래의 압력을 지칭하는 용어로 쓰인다. 하지만 긍정적인 면으로도 또래집단의 압력이 존재하며

작용한다는 사실은 흥미진진하다. 승자가 되고 싶은가? 그렇다면 승자
들과 어울려라!

행동 계단

- 나는 오늘 시간을 내서 내가 친구들의 영향을 받고 있는지, 아니
  면 그들에게 영향을 미치고 있는지를 살펴볼 것이다. 또한, 이 영
  향이 긍정적인지 부정적인지도 고민해 볼 것이다.
- 나는 오늘 _____ 할 것이다.

*

우리의 현재 모습은 절반 이상이 모방으로 형성된 것이다. 중요한 점은 좋
은 모델을 선택하고 면밀히 연구하는 것이다.

— 체스터필드 경

Courage

Attitude 태도

Choosing 선택

Courage

용기
용기는 아이에게 말을 가르치듯, 가르칠 수 있는 것이다.
— 에우리피데스

Goals 목표

How To 방법

Love 사랑

Perseverance 인내

······ 패배를 극복하기
To Overcome Defeat

절망 가운데도 희망은 있다. 이 사람의 역경을 생각해 보라.

그는 초등학교를 중퇴했다.

조그만 가게를 운영하다 파산했고, 15년 동안 그 빚을 갚아야 했다.

하원 의원에 2번 출마했으나 낙선했다.

상원 의원에 2번 출마했으나 낙선했다

매일 언론으로부터 공격을 당했다.

국민의 절반이 그를 싫어했다.

여러 건강상의 문제가 있었으며, 결코 출중한 외모가 아니었다.

그가 대통령으로 재임하는 동안, 나라가 가장 격렬한 내전에 빠졌다.

그의 연설은 비록 나중에는 인정을 받았지만, 당시에는 냉담한 반응을 받았다.

이런 역경에 전 세계 수많은 사람이 지난 백여 년간 이 사람을 통해 크나큰 감명을 받았다. 이 어수룩해 보이고, 고민투성이인 것처럼 보인 사람의 이름은 에이브러햄 링컨이다. 포기하지 마라. 역경 가운데도 희망은 있다.

링컨은 위대한 업적을 이룬 위대한 인물이다. 그는 많은 실패를 경험하였지만, 또한 많은 격려를 받았다. 그중 가장 큰 격려는 그의 어머니와 새어머니의 격려였을 것이다. 여러분은 포기하겠는가? 아니면 격려에 힘입어서 패배를 극복하겠는가?

행동 계단

- 나는 오늘 단기적인 이익이 아니라, 장기적인 결과를 위해 의사결정을 내릴 것이다.
- 나는 오늘 나의 행동이 다른 사람에게 영향을 미친다는 사실을 명심하고, 이 사실을 책임감 있게 받아들일 것이다.
- 나는 오늘 _____ 할 것이다.

*

패배란 무엇인가? 그것은 배움이다. 더 나은 것을 향한 첫걸음일 뿐이다.

— 웬들 필립스

Courage

······ 조롱을 무릅쓰고
Over Ridicule

오늘날의 클레런스 개스의 모습을 보면 1974년에 그가 호흡곤란으로 거의 목숨을 잃을 뻔했다는 사실을 믿기 어려울 것이다. 당시 41세였던 클레런스는 거의 죽다가 살아났다.

그날 밤 그가 겪었던 일은 사실 놀라운 일이 아니었다. 그는 매일 담배를 3갑 반씩 피웠으며, 맥주를 24캔이나 마셨다. 허리가 43인치, 몸무게가 265파운드(120kg)에 이르렀을 때 몸무게 재는 것을 그만두었다. 하지만 그날 죽다가 살아난 경험을 하고 난 후, 클레런스 개스는 신 앞에 무릎을 꿇고 도와달라고 빌었다.

그는 담배와 술을 끊었다. 그리고 매일 밤 걷기를 시작했고, 얼마간 시간이 지난 후 뛰기 시작했다. 1년이 채 안 되어서 그는 매일 4~5마일을 뛰게 되었다. 클레런스는 265파운드에서 150파운드(68kg)로 몸무게를 줄였고, 그의 혈압은 150~100에서 120~72로 낮아졌다. 그는 그 이후 마라톤을 10번이나 완주했다.

클레런스는 다음과 같이 고백한다. "뚱뚱한 사람이 밖에 나가서 다른 사람들이 보는 가운데 달리기를 한다는 것은 생각보다 쉽지 않은 일입니다. 힘든 과정이며 인내가 필요합니다. 하지만 가능한 일입니다. 여러분도 할 수 있습니다. 포기하지 마십시오!"

한번 생각해 보라. 여러분 중에는 1974년 당시의 클레런스 개스보다 신체적인 조건이 나쁘지 않으며, 그만큼 술과 담배를 많이 하지 않는 분이 많을 것이다. 하지만 오늘날의 클레런스보다 신체적인 조건이 낫거나 더 건강한 습관을 지닌 분들은 많지 않을 것이다. 그렇다면 문제는 이것이다. 만약 클레런스 개스가 건강한 모습으로 변할 수 있었다면 여러분이 그러지 못할 이유가 있을까?

행동 계단

- 나는 오늘 나의 모든 활동 영역에서 신의 도움을 구할 것이다.
- 나는 오늘 운동을 할 것이다. 5분이 되든, 1시간이 되든, 어쨌든 운동을 할 것이다.
- 나는 오늘 _____ 할 것이다.

*

하나님은 매일 불가능해 보이는 것을 가능하게 만드신다.

······ 믿음
Belief

　1864년 모빌만(Mobile Bay)에서의 용맹으로 이름을 떨친 데이비드 패러 것 제독은 새뮤얼 듀폰 제독이 왜 자신의 함대가 찰스턴 항구로 진입해서 전투에 승리하지 못했는지에 대한 구구한 설명을 듣고 있었다. 듀폰 제독의 설명이 끝나자 패러것 제독이 대답했다. "이유가 한 가지 더 있네. 자네는 자네가 할 수 있다고 믿지 않았지."

　글렌 커닝햄이 다시 걸을 수 있으리라고는 아무도 믿지 않았다. 하지만 글렌 커닝햄과 그의 어머니는 예외였다. 그와 그의 어머니를 빼고는 그가 달리기 시합에서 우승하리라고 믿은 사람은 아무도 없었다. 그는 학교의 화재로 두 다리에 심한 화상을 입었다. 하지만 글렌 커닝햄은 걸었고 뛰었으며 세계에서 1마일을 가장 빨리 달리는 선수가 되었다. 글렌 커닝햄은 자기 자신을 믿었다.

　실베스터 스탤론은 50명이 넘는 할리우드 프로듀서들에게서 영화 시나리오 작가로서의 자질이 없다는 말을 들었다. 그의 시나리오를 영화로 만들겠다는 꿈은 시간 낭비라는 말을 들어야 했다. 하지만 실베스터 스탤론은 할리우드의 거의 모든 프로듀서가 희망이 없다고 설득할 때도 자신의 능력을 믿었다. 프로듀서들이 퇴짜를 놓은 영화 시나리오가 바로 「록키」이었다. 실베스터 스탤론은 자신의 능력을 믿었던 것이다.

많은 사람과 장애물이 여러분의 꿈을 이루지 못하도록 방해할 수 있다. 하지만 그보다 더 큰 장애물은 여러분 스스로가 자신의 능력을 믿지 않는 것이다. 여러분은 스스로를 믿고 해내려는 의지만 있다면 어떤 꿈이든 이루어 낼 수 있다. 셰익스피어는 다음과 같이 말했다. "우리의 의심은 반역자다. 시도하기를 두려워하게 함으로써 우리의 꿈을 성취하지 못하게 만든다." 콘래드 힐튼(C. Hilton, 힐튼 호텔 창업자-옮긴이)은 이렇게 말했다. "사람은 하나님의 도움과 스스로의 노력으로 어떤 꿈이든 이룰 수 있다."

행동 계단

- 나는 오늘 나에게 한계를 정하며 "안 된다"고 하는 사람들의 말에 영향을 받지 않을 것이다.
- 나는 오늘 _____ 할 것이다.

*

삶을 두려워하지 마라. 삶은 살 만한 가치가 있다고 믿어라. 그러면 그 믿음이 현실로 이루어질 것이다.

······ 위험
Risk

여러분이 하는 모든 일에는 위험의 요소가 있다. 그것은 단순한 진리
이다.

자동차를 운전하는 것은 사고의 위험을 감수하는 것이다.

입사 지원서를 내는 것은 불합격의 위험을 감수하는 것이다.

연극의 배우 오디션에 지원하는 것은 뽑히지 않을 위험을 감수하는 것이다.

대학에 들어가는 것은 공부를 마치지 못할 위험을 감수하는 것이다.

누군가에게 미소를 짓는 것은 그 미소가 받아들여지지 않을 위험을 감수
하는 것이다.

사랑하는 것은 거부당하고 상처 입는 것을 감수하는 것이다.

말하는 것은 아무도 듣지 않는 위험을 감수하는 것이다.

희망을 품는 것은 절망의 위험을 감수하는 것이다.

꿈꾸는 것은 바보처럼 보이는 위험을 감수하는 것이다.

오르는 것은 떨어질 위험을 감수하는 것이다.

성공하는 사람에게서 발견하게 되는 성격 특성의 하나는 실패를 감수하는 용기이다. 시도하는 것은 분명히 실패의 위험을 감수하는 것이다. 하지만 시도하지 않으면 도대체 무엇을 할 수 있단 말인가? 아무것도 하지 않으면 아무것도 이룰 수 없으며 아무것도 될 수 없다. 전적으로 아무것도 하지 않으면 실패하지도 않겠지만 성공할 수도 없다. 인생의 의미 있는 일에는 모두 위험의 요소가 있다. 만약 여러분이 시도하지 않는다면 결코 그것을 이룰 수 없다. 여러분의 꿈을 좇는 것을 두려워하지 마라. 윌 로저스(W. Rogers, 영화배우 - 옮긴이)는 다음과 같이 말했다 "여러분은 때때로 위험을 무릅쓰고 나뭇가지 위로 올라가야 합니다. 왜냐하면, 거기에 열매가 있기 때문입니다."

행동 계단

- 나는 오늘 위의 열 가지 위험 중 하나를 감수할 것이다. 그중에서
  _____ 을 선택할 것이다.
- 나는 오늘 _____ 할 것이다.

*

가장 견디기 힘든 불행은 대개가 결코 발생하지 않은 불행이다.

— 제임스 R. 로웰

······ 안전
Security

종종 우리는 안전과 도전 사이에서 선택해야 할 때가 있다. 안전도 좋지만, 도전에도 보상이 있다.

최근에 나는 돛단배를 본 적이 있는데, 돛이 돛대에 힘없이 걸려 있는 모습이었다. 배는 전혀 움직임이 없었고 항구의 잔잔한 물결 위에 조용히 정박해 있었다. 배는 안전하고 든든해 보였지만, 그저 가만히 매여 있을 뿐이었다.

사람도 마찬가지다. 어떠한 도전이나 위험 없이 항구에 안전하게 정박해 있는 삶을 살 수도 있고, 돛을 올리고 바람을 맞으며 바다로 나아가 안전과 편안한 삶을 포기하고 세상을 향해 도전할 수도 있다. 도전을 회피하지 않고 안전을 포기할 수 있는 사람은 점점 앞으로 나아가는 사람이다. 돛단배는 바람을 안고 항해하지 않는 한 영원히 항구에 머무를 수밖에 없다.

사람은 돛을 올리고 바람을 맞으며 바다로 나가 탐험하도록 지음 받았다. 우리는 전혀 움직이지 않은 채로 안전하게 지내도록 창조되지 않았다.

사람과 자연은 어떤 면에서 180도 다르다. 자연 자원은 사용함으로써 고갈되지만, 사람의 자원은 사용하지 않음으로써 고갈된다. 그래서 올리버 웬들 홈즈(O. W. Holmes, 미국의 의사이자 작가 - 옮긴이)는 미국의 가장 큰 비극은 대부분의 사람들이 자신의 음악을 연주해 보지도 못한 채 무덤으로 가는 것이라고 말했다. 돛을 펼치고 바람을 타며 여러분의 능력을 활용하고 여러분의 음악을 마음껏 연주하라. 그러면 우리는 정상에서 만날 것이다!

행동 계단

• 나는 오늘 나에게 주어진 자원을 마음껏 사용할 것이며, 나만의 "안전지대"(comfort zone)를 과감히 박차고 나갈 것이다.

• 나는 오늘 _____ 할 것이다.

*

뛰어난 사람은 늘 미덕을 생각하며, 평범한 사람은 안락함을 생각한다.

— 공자

······ 성실
Integrity

나는 성실성이 역경이 닥칠 때 더욱 빛을 발한다고 믿는다.

1972년에 라이브 에징가는 미시간 주 그랜드래피즈에서 홀로 운영하던 목공소 일에서 은퇴했다. 하지만 그는 여전히 집 지하실에 있는 조그만 작업실에서 여러 연장을 사용하여 아름다운 꽃 받침대를 만드는 데 여념이 없다.

비록 76세라는 나이가 적은 것은 아니지만, 은퇴한 목수가 평생 하던 일을 은퇴 후에도 계속한다는 것이 그리 특이한 일인 것 같지는 않다. 그러나 2년 전에 라이브 에징가는 완전히 실명했다. 하지만 시력을 잃었다고 해서 그는 평생 즐겨 해오던 일을 그만두지 않았다. 오늘날 에징가 씨는 여전히 지하실 작업장에서 직접 도안을 그리며, 테이블 톱, 선반, 홈파는 대패, 전기 사포, 휴대용 전기 톱 등을 이용해서 가구를 만들어 내고 있다. 또한 그는 최근에 점자를 이용한 측정 기구를 고안해 냈는데, 앞으로 많은 맹인들에게 큰 도움이 될 것이 틀림없다. 이 모든 것이 포기하지 않은 라이브 에징가 씨가 이루어 낸 놀라운 성취이다.

내가 라이브 에징가 씨의 실화를 좋아하는 데는 적어도 두 가지 이유가 있다. 첫째 이유는 긍정적인 사고의 산 증인이신 에징가 씨가 지그 지글러(Zig Ziglar) 회사의 회장인 론(Ron) 에징가의 아버지라는 사실이다. 둘째 이유는 라이브 에징가 씨가 평생 성실하게 살아온 분이라는 사실이다. 그래서 역경이 닥쳤을 때 창의력과 용기를 발휘해서 역경을 이겨 내신 것이다.

행동 계단

• 나는 오늘 역경이 닥쳐올 때 그것을 과감하게 맞닥뜨리면, 더 많은 기회가 생길 수 있다는 사실을 명심할 것이다.

• 나는 오늘 _____ 할 것이다.

*

누구나 오늘보다 나은 내일을 만들 수 있다. 우리도 오늘 시작하기만 한다면, 더 나은 내일을 맞게 될 것이다.

······ 고난
Hardships

멕시코에는 「그럼에도 불구하고」(In Spite Of)라는 특이한 이름이 붙은 아름다운 조각상이 있다. 그 이름은 돌로 된 조각상 자체가 아니라 조각가를 기리기 위해 붙여진 이름이다. 이 조각가는 조각상을 작업하던 시기에 사고를 당해 오른팔을 잃었다. 하지만 이 조각상을 끝내기로 한 조각가는 왼손으로 연장을 사용하는 법을 배웠고 결국 조각상을 완성했다. 그래서 팔을 잃은 장애에도 조각상을 완성한 조각가를 기리기 위해 「그럼에도 불구하고」라는 이름이 붙여진 것이다.

시력 상실에도 불구하고 밀턴은 작품을 썼고, 청각 상실에도 불구하고 베토벤은 작곡을 했다. 시각과 청각이 모두 없었지만 헬렌 켈러는 연설을 했다. 손에 류머티즘을 앓았지만 르누아르는 그림을 그렸으며, 오른손을 잃었지만 이 멕시코 조각가는 왼손으로 조각상을 완성했다.

실명, 청각 상실, 사지 마비, 노화, 관절염, 빈곤, 나이가 어림, 박해,

교육을 못 받음 등등에도 불구하고 사람들은 고난을 극복하고 뛰어난 성취를 이루었으며 승리했다. 여러분도 그렇게 할 수 있다. 고난과 문제에도 불구하고 여러분의 목포를 향해 매진하라. 그러면 우리는 정상에서 만날 것이다!

행동 계단

- 나는 오늘 _____ 에도 불구하고 _____ 을 극복할 것이다.
- 나는 오늘 _____ 할 것이다.

*

인품이 드러나는 것은 큰 상황일지 모르지만, 인품이 만들어지는 것은 작은 상황들을 통해서이다.

— 필립스 브룩스

Courage

······ 남을 돕기
Helping Others

『가이드포스트』(*Guideposts*)지는 1977년에 일어난 한 등산객의 감동적인 이야기를 소개했다. 등반 중에 갑자기 눈보라가 몰아치자 그 등산객은 그만 길을 잃고 말았다. 그런 악천후에 대비한 장비를 갖추고 있지 않았기 때문에 빨리 눈보라를 피할 곳을 찾지 못하면 동사할 수도 있는 상황이었다. 하지만 필사의 노력에도 불구하고 시간은 빠르게 지나갔고, 손발은 점점 감각을 잃어갔다. 그는 이제 시간이 얼마 남지 않았다는 것을 알았다.

바로 그때 그는 거의 동사 직전인 사람에 그만 발이 걸려 넘어졌다. 그 등산객은 순간적으로 결정을 내려야 했다. 자기의 목숨을 위해 계속 길을 찾을 것인가 아니면 눈보라 속에 갇힌 낯선 사람을 도와줄 것인가.

그는 지체 없이 결정을 내렸고, 자신의 젖은 장갑을 벗어 던졌다. 그리고 그 사람 곁에 무릎을 꿇고 앉아서 팔과 다리를 주무르기 시작했다.

동사 직전의 사람은 반응을 보이기 시작했고, 결국 두 사람은 힘을 합해 구조를 받을 수 있었다.

나중에 밝혀진 일이지만, 도움을 베풀었던 사람은 스스로를 도운 셈이었다. 타인의 팔과 다리를 주무르는 동안 자신의 손의 감각이 돌아왔던 것이다. 매일의 삶 속에서 나는 삶의 정상에 이르는 가장 확실한 방법은 다른 사람들이 그들의 정상에 이를 수 있도록 돕는 것이라는 사실을 점점 더 확신하게 된다.

행동 계단

- 나는 오늘 ＿＿＿＿＿＿＿＿ 을 통해서＿＿＿＿＿＿＿＿ (이름)를 도울 것이다. 그렇게 함으로써 우리 모두 유익을 얻을 것이다.
- 나는 오늘 ＿＿＿＿＿＿＿＿＿＿＿＿＿＿＿＿＿ 할 것이다.

*

그냥 내버려두는 것은 충분하지 않으며, 도와주는 것은 지나친 일이 아니다.

— 오린 E. 메디슨

······ 일
Work

　여러분은 절망의 수렁에 빠지더라도 다시 정상에 오를 수 있다. 그 좋은 사례가 바로 캐럴린 스트래들리(C. Stradley)이다. 그녀는 지금까지 적어도 두 번은 수렁에 빠졌다. 아이가 딸린 젊은 엄마였던 26세에 남편을 잃었고, 32세에 사업을 시작하기 위해 융자를 신청했지만 모두 거절을 당했다.

　하지만 그녀는 포기하지 않았다. 그녀는 더욱 열심히 일했고, 마침내 금융조합을 통해 건설 회사를 시작할 돈을 빌릴 수 있었다. 그렇다. 캐럴린은 건설 사업을 하고 있다. 하지만 그녀의 마음은 전혀 콘크리트를 닮지 않았다. 모든 것이 뒤섞인 채 단단히 굳어버리지 않았던 것이다!

　올해 수입은 5만 달러를 예상하고 있다. 그녀는 해외여행, 스쿠버 다이빙, 딸과의 캠핑 등을 즐기면서 여전히 하루 12시간씩 일하고 있다. 그녀는 아무리 좋은 생각, 꿈, 실현 가능하고 아름다운 철학이 있다 할지라도, 하려는 의지가 없으면 아무 소용이 없다는 것을 잘 알고 있다. 너무나 많은 사람이 직장을 잡고 나면, 일을 찾으려 하지 않는다. 하지만 캐럴린는 그렇지 않다. 여러분도 그렇지 않으리라 믿는다.

행동 계단

- 나는 오늘 다른 사람이 나를 일시적으로 멈출 수 있을지 몰라도, 나를 영구적으로 멈출 수 있는 사람은 나 자신뿐이라는 것을 명심할 것이다.
- 나는 오늘 ＿＿＿＿＿＿＿＿＿＿＿＿＿＿＿＿＿＿ 할 것이다.

＊

왜 과거의 삶을 다시 살려고 하는가? 매일 아침마다 새로운 삶을 시작하라.

— 로버트 퀼렌

Courage

······ 닫힌 문
Closed Doors

많은 사람이 자기 사업을 시작하는 꿈을 꾼다. 엘든 캠프도 역시 오랫동안 자기 사업을 꿈꾸어 오던 중에 사고를 당하고 말았다. 미시시피 강에서 바지선(barge)의 선장으로 일하다가 심각한 부상을 당한 것이다. 그는 이 사고로 사업의 꿈을 접어야 하지 않을까 염려했다. 수개월 동안 힘든 수술을 받고 요양을 했지만, 미래는 암울하게만 보였다.

하지만 엘든에게는 목공 재주가 있었다. 그는 여가 시간에 캐비닛을 만들어 보았다. 새집을 짓는 친구를 위해 목공 장식품을 만들어 주었는데, 너무나 정교하게 잘 만들어져서 주문이 쏟아져 들어왔다. 그는 곧 조수를 고용해서 새집을 위한 수제 목공 장식품을 만들어 공급하기 시작했다. 오늘날 엘든은 여섯 명의 직원을 두고 캐비닛 목공 제작소를 운영하고 있으며, 인근 지역에 청소 대행업체를 새로 시작했다.

엘든 캠프의 사고는 바지선 선장으로서의 경력에 마침표를 찍었지만, 전혀 다른 분야에서 더욱 성공적인 경력을 시작할 수 있는 기회를 제공한 셈이다. 문이 닫히면 다른 문이 열리는 법이다. 그 문을 찾는 것은 우리의 몫이다.

행동 계단

- 나는 오늘 역경에 따라오는 기회를 찾아볼 것이다.
- 나는 오늘 _____ 할 것이다.

*

도전하지 않는 자는 아무것도 이룰 수 없다.

······ 역경
Adversity

　인생이란 여러분이 만들어 나가는 것이다. 달리 말하자면, 여러분의 삶 속에서 무슨 일이 일어날 것인지를 여러분이 결정할 수는 없지만, 그 일을 어떻게 대처해 나갈 것인지는 여러분의 몫이다.

　아이오와 주 시더래피즈의 웬디 스토커는 플로리다대학교의 신입생 시절, 주 다이빙 챔피언십 대회에서 3위에 입상했다. 아깝게 2.5점 차로 1위를 놓쳤다. 또한 수영팀이 강한 플로리다대학에서 신입생으로는 유일하게 2인자의 자리를 지켰으며, 정규 학업도 충실하게 수행해 나갔다.

　웬디는 정말 행복하고 긍정적이며 인생을 원하는 대로 만들어가는 여대생처럼 보이지 않는가? 그녀는 정말 그렇다. 사실 웬디는 이미 자신의 의지대로 인생을 만들어 왔다. 태어날 때부터 양팔이 없었다. 비록 양팔이 없지만, 볼링과 수상 스키를 즐기며 분당 45자의 타자를 친다.

그녀는 물리 치료사가 되기 위해 공부하고 있는데, 나는 틀림없이 그녀가 그 꿈을 이룰 것이라고 믿는다.

여러분도 웬디 스토커를 본받기 바란다. 어떤 장애가 있더라도 긍정적으로 여러분의 꿈을 좇기 바란다. 인생이란 여러분 스스로 만들어 나가는 것이라는 사실을 명심하라.

행동 계단

- 나는 오늘 내가 할 수 없는 것이 아니라 할 수 있는 것에 집중할 것이다.
- 나는 오늘 _____ 할 것이다.

*

성공이란 결코 끝이 아니며, 실패 역시 마찬가지다. 중요한 것은 용기다.

······ 내적인 아름다움
Inner Beauty

외적인 아름다움 못지않게 내적인 아름다움의 중요성을 믿은 미스 아메리카가 있다. 다나 액섬(D. Axum)은 아칸소 주의 작은 마을에서 자랐다. 여느 십 대 소녀들처럼 수줍음을 많이 탔고 삶에 대한 자신감이 부족했다. 다나는 자신이 예쁘다고 생각하지 않았고, 사실 스스로 매력이 없다고 생각했다. 하지만 그녀에게는 신체적인 아름다움보다 더 강력한 내적인 매력이 있었고, 그녀는 그것을 표면으로 이끌어 낼 수 있다고 믿었다.

그녀는 "내적인 아름다움"을 이끌어 내기로 결심했다. 몇 달 동안 워킹 등의 훈련을 한 다음에, 미인 대회에 참여했다. 첫 번째 시도에서 실패했지만, 그녀는 낙심하지 않았다. 그녀는 출전을 거듭했고, 마침내 열여섯 번의 시도 끝에 1963년 미스 아칸소가 되었다. 그리고 이듬해 미스 아메리카가 되었다. 이제 그녀는 내적인 아름다움과 엄청난 노력 끝에 강연가와 TV 방송인이 되었고, 자신의 프로를 진행하고 있다.

정말 좋은 소식은 우리 모두에게 내적인 아름다움이 있다는 사실이다. 여러분 고유의 내적인 아름다움을 발견하고, 그것을 표면으로 이끌어냄으로써 여러분 모두는 승자가 될 수 있다.

행동 계단

- 나는 오늘 나의 긍정적인 "내적 자질"을 계발함으로써 나의 가치를 더욱 높일 것이다. 나의 최고의 내적인 자질은 _____, _____, _____ 이다.
- 나는 오늘 _____ 할 것이다.

*

자기 자신을 개조한 사람은 지역 사회의 개조에 대한 자기의 책임을 다한 사람이다.

— 노먼 더글러스

Courage

······ 강인함
Toughness

아홉 살 난 브라이언 테일러는 자전거로 100마일을 달려서 미국 암 협회를 위해 100달러를 모금했다. 그 자체로도 대단한 일이지만, 더욱 대단한 점은 브라이언 테일러에게는 다리가 하나밖에 없다는 사실이다.

브라이언이 자전거 타는 일을 그렇게 쉬운 일이 아니다. 그는 자전거 를 타게 해달라고 어머니를 졸라야 했다. 자전거 타기를 배우는 동안 그 는 여러 번 넘어지고 긁히고 멍들었으며, 새 자전거를 두 대나 망가뜨렸 다. 어머니가 걱정하는 것은 어쩌면 너무나 당연했다. 브라이언은 자전 거를 타기 위해 정말 대단한 창의력과 노력을 발휘해야 했다.

마침내 브라이언은 끈을 이용해서 발을 자전거 페달에 고정하는 방 법을 고안해 냈다. 이제 그는 프로 선수처럼 자전거를 잘 탄다. 그 결과 물이 바로 100마일 자전거 마라톤이었다. 하려는 의지가 있는 곳에 놀 라운 성취가 있다. 브라이언 테일러에게 자전거를 탄다는 것은 쉬운 일이 아니었다.

사실, 삶이란 쉽지 않다. 하지만 여러분이 스스로를 채찍질할수록 그에 따른 보상이 있다. 브라이언 테일러로부터 교훈을 얻어라. 계속해서 노력하라. 그러면 우리는 정상에서 만날 것이다!

행동 계단

- 나는 오늘 나 자신을 더욱 담금질할 것이며, 노력을 경주함으로써 최후의 승자가 될 것이다.
- 나는 오늘 _____ 할 것이다.

*

용기란 두려움이 없는 상태가 아니라 두려움을 거부하는 것이며, 장악하는 것이다.

······ 기적
Miracles

그녀는 열한 살 때 다시는 걷지 못할 것이라는 말을 들었다. 하지만 스물두 살 때 그녀는 1980년 미스 아메리카로서 단상 위를 걸어 나갔다.

1980년 미스 아메리카인 미시시피 주 출신의 셰릴 프레윗은 열한 살 때 교통사고를 당했다. 그녀의 왼쪽 다리가 심하게 부상을 당했으며, 100바늘이나 꿰매야 했다. 의사들은 그녀가 다시는 걸을 수 없을 것이라고 말했다. 부상당한 다리는 나중에 완치되었지만, 성한 오른쪽 다리보다 심각하게 짧아졌다.

그러나 몇 년 후 한 부흥회에서 그녀는 짧아진 왼쪽 다리가 "즉시 몇 인치나 자라는 것"을 목격했다. 그녀는 "신의 기적"으로 다시 걷게 되었다고 말한다. 하지만 그에 못지않은 기적은 그녀의 삶에 대한 태도이다.

셰릴은 주저앉아 포기할 수도 있었다. 많은 사람이 그렇게 했을 것이다. 어떻게 그녀는 그렇게 삶에 대한 반듯한 생각과 아름다운 태도를 가질 수 있었을까? 흥미로운 점은 사고가 있기 전 있었던 한 작은 사건이 그녀가 이후의 삶을 개척하는 데 결정적인 영향을 미쳤다는 사실이다. 그녀가 다섯 살 때, 아버지가 운영하는 작은 가게에서 만난 우유 배달부가 그녀에게 앞으로 미스 아메리카가 될 것이라고 말한 적이 있었다. 셰릴은 그 말을 그대로 믿었다. 하나의 작은 강력한 긍정적인 생각으로부터 삶에 대한 긍정적인 태도가 발전했으며, 1980년 미스 아메리카가 탄생하게 된 것이다.

말은 이 세상에서 가장 강력한 힘이다. 사랑, 희망, 격려의 긍정적인 말은 한 사람의 삶을 새로운 지평으로 올려놓을 수 있다. 좌절, 증오, 무례, 그리고 절망의 부정적인 말은 한 사람을 무너뜨리고 파괴할 수도 있다. 그러므로 우리는 말을 조심해야 할 것이다.

행동 계단

- 나는 오늘 _____ 와 _____ 에게 오직 친절하고 긍정적인 말만 할 것이다.
- 나는 오늘 _____ 할 것이다.

*

그녀는 예쁘지는 않았지만, 누군가 그녀에게 예쁘다고 계속 말해 주었더라면 당당할 수 있었을 것이다.

—J. B. 프리스틀리

······ 힘든 일
Tough Jobs

그는 아무도 원하지 않는 일을 선택했고 최고가 되었다. 야구 선수로서 그는 자신의 포지션에서 최고였고 팀의 리더였으며 찬스에 강한 타자였다. 그러나 불행하게도 비극적인 사고로 선수생활을 접고, 이후로 평생 휠체어에서 지내야 했다. 하지만 짧은 야구 인생에도 놀라운 업적을 이루었던 그는 프로야구 명예의 전당에 헌액될 수 있었다. 그렇다. 나는 물론 옛 브루클린 다저스의 명포수였던 로이 캄파넬라의 이야기를 하고 있다.

그런데 문제는 왜 로이 캄파넬라가 애초에 포수가 되었을까 하는 점이다. 포수란 힘들고 부상이 잦은 포지션이다. 그 대답은 간단하면서도 흥미롭다. 캄파넬라가 고등학교 시절 야구팀에 지원할 당시, 코치는 선수를 포지션 별로 선발했다. 로이는 아무도 포수에 지원하지 않는 것을 보았고, 따라서 포수라는 포지션이 유리하리라 판단했다.

로이 캄파넬라는 야구가 정말 하고 싶었기 때문에 포수가 되기로 결심했다. 그는 열심히 노력했고 팀에서 최고의 선수가 되었으며 야구 선수로서의 인생을 개척해 나갈 수 있었다. 포수라는 포지션은 외면하고 다른 화려한 포지션을 추구했던 팀원들은 어떻게 되었는가? 나는 그들이 야구 선수로서 성공했다는 이야기는 들어보지 못했다.

로이 캄파넬라는 화려하지 않은 일을 선택했고 그 일을 정말 잘해냈다. 만약 여러분도 남들이 원하지 않는 힘든 일을 선택하고 그것을 잘해낸다면, 성공은 여러분의 것이 될 것이다.

행동 계단

- 나는 오늘 주어진 모든 일들을 기꺼이 받아들일 것이며, 그것을 성실히 수행할 것이다.
- 나는 오늘 _____ 할 것이다.

*

늘 태양 쪽을 바라본다면, 그림자는 뒤편으로 물러날 것이다.

······ 재능
Talent

피터 스트러드윅의 명저 『나와 함께 달립시다』(*Come Run with Me*)는 달리기에 관한 책이면서 동시에 인생에 관한 책이다. 본격적으로 달리기를 시작한 1969년 이래로 피터는 마라톤과 훈련으로 거의 2만 마일을 달렸다. 그는 세 번이나 파이크스 피크 마라톤(Pike's Peak Marathon, 콜로라도 주에서 벌어지는 산악 마라톤 - 옮긴이)에 참여했다. 현재 그는 아프리카의 킬리만자로 정상을 넘는 마라톤을 위해 훈련을 받고 있다.

그의 이야기는 스포츠 역사상 가장 놀라운 이야기 중의 하나이다. 그 이유는 피터 스트러드윅은 태어날 때부터 양다리가 발목까지밖에 없었으며, 왼손은 엄지와 손가락 하나, 그리고 오른팔은 손목까지밖에 없었기 때문이다.

피터 스트러드윅은 논리를 무색게 하는 신체적인 기술과 인내의 놀라운 업적을 이루어냈다. 그의 이야기는 책을 읽는 모든 이에게 영감을 불러일으킨다. 만약 피터가 그가 가진 것으로 그런 일을 해냈다면, 우리는 우리가 가진 것으로 그보다 더 많은 것을 이룰 수 있을 것이다. 우리에게 큰 영감이 되어 준 것에 대해서 피터에게 감사한다.

행동 계단

- 나는 오늘 피터 스트러드윅의 용기를 생각하면서 내가 받은 복을 세어보고 감사할 것이다.
- 나는 오늘 _____ 할 것이다.

*

약간의 용기 부족으로 많은 재능이 덧없이 사라진다. 매일 많은 사람들이 두려움 때문에 재능을 펼쳐 보지도 못하고 이름 없이 생을 마감한다.

— 시드니 스미스

······ 한 사람
One Person

한 고등학생이 학교를 변화시킬 수 있을까?

애리조나 주 스코츠데일에 있는 코로나도 고등학교의 로리 콕스는 모든 학생이 국기에 경례와 맹세를 해야 한다고 생각했다. 그녀는 학생들이 매일 국기에 대해 경례를 한다면, 유사시에 나라를 위해 싸우는 데 도움이 되리라고 생각했다.

하지만 교장 선생님과 담임 선생님은 그녀의 생각을 크게 달가워하지 않았다. 그녀의 남자친구도 질색했지만, 그녀는 자신의 생각을 밀고 나가기로 했다. 쉽지 않은 일이었지만, 그녀는 3천 명의 청원 서명을 받아냈다. 오늘날 코로나도 고등학교 학생들은 국기에 경례와 맹세를 한다.

로리가 이 일을 시작했지만, 3천 명의 학생들이 나라에 대한 사랑과 충성을 표현하는 일에 동조하고 동참했다. 그들은 누군가 앞서서 헌신적으로 일을 추진해 나갈 사람이 필요했던 것이다.

만약 여러분이 여러분 자신과 조국, 젊은이들에 대해 실망하게 될 때가 있으면, 애리조나 주 스코츠데일의 로리 콕스와 3천 명의 학생들을 기억하라.

행동 계단

- 나는 오늘 내가 다른 사람들을 긍정적인 방향으로 이끄는 지도자가 될 수 있음을 명심할 것이다.
- 나는 오늘 _____ 할 것이다.

＊

사람은 무언가를 비웃을 때, 자신의 인품을 가장 잘 드러내게 된다.

— 요한 볼프강 폰 괴테

······ 인격
Character

카벳 로버트에 의하면 인격이란 순간적인 감정이 사라진 후에도 좋은 결심을 끝까지 실행해 내는 능력을 뜻한다. 요즘처럼 보기 좋고 냄새도 좋고 맛있어 보이고 재미있는 것이 아니면 관여할 필요가 없다고 믿는 세상에서는 더없이 중요한 자질이라고 할 수 있다.

나는 이 책에서 '보상이 있는, 재미있는, 흥미로운' 과 같은 형용사를 많이 사용했다. 하지만 한 번도 성공이 쉽다고는 말하지 않았다. 삶이 주는 보상을 얻기 위해서는 힘들지만 견디고 버텨야 할 때가 많이 있다.

윈스턴 처칠은 이러한 개념을 「영국의 전투」(Battle of Britain)라는 라디오 프로그램을 통해서 잘 표현했다. 이 연설을 통해 영국은 스스로의 힘으로 일어섰고, 결과적으로 이 연설은 영국과 전 세계를 구하는 계기가 되었다. 처칠은 승리를 위해서는 피와 땀과 눈물이 필요하다고 말했다. 그는 전투가 결코 쉬울 것이라고 약속하지 않았다. 다만 승리를 약속했을 뿐이다.

나도 여러분에게 똑같은 약속을 한다. 만약 여러분에게 어려울 때도 견뎌낼 수 있는 인격이 있다면, 인생이라는 게임에서 승리하기 위해 필요한 다른 특성들도 계발하거나 얻을 수 있을 것이다.

행동 계단

- 나는 오늘 어려운 상황과 시련을 견디고 버텨낼 것이다.
- 나는 오늘 _____ 할 것이다.

*

인격이란 순간의 감정이 사라지고 난 후에도 좋은 결심을 끝까지 수행해 나가는 능력이다.

— 카벳 로버트

······ 질병
Disease

이상하게 들릴지 모르지만 소아마비, 폐렴, 그리고 매일 철폐(鐵肺, iron
lung, 소아마비 환자용 철제 호흡 보조 장치 - 옮긴이) 속에서의 12시간은 엄청난 성공을 뜻
할 수 있다. 리처드 차베스는 36세의 교사이자 전미 장애인 협회의 대
변인이다. 그는 로스앤젤레스 출신의 멕시코계 미국인으로서 5세 때 소
아마비와 폐렴을 앓았다.

하지만 그는 장애인과 불우계층을 위한 미국에서 가장 혁신적인 훈
련학교 중 하나를 설립했다. 차베스는 신체적인 장애뿐 아니라 경제적
인 어려움과 언어의 장벽을 극복해야 했고, 거의 10년 동안 직업을 구
하지 못하는 좌절을 겪어야 했다.

그가 1973년에 설립한 학교는 6천 명 이상의 학생이 수료했는데, 그
들은 고등학교를 중퇴한 불우계층의 자녀, 전과자, 정신질환을 겪었던
사람, 마약 및 알코올 중독에 빠졌던 사람들을 망라한다. 학생 중 88퍼

센트 이상이 자신과 자신의 능력에 대해서 긍정적으로 생각하며, 영구적인 정규 직장을 얻어서 졸업한다고 한다. 정말 놀라운 일이다!

정말 리처드 차베스 씨에게 경의를 표한다. 만약 그가 거대한 산과 같은 개인적인 역경을 극복하고 성공적인 삶을 일구어 낼 수 있었다면, 우리도 모두 성공의 앞길을 가로막는 작은 둔덕들을 극복할 수 있을 것이다.

행동 계단

- 나는 오늘 거대한 산처럼 보이는 나의 문제들이 사실은 작은 둔덕일 뿐임을 인식하며, 그것들을 극복하려고 노력할 것이다.
- 나는 오늘 ＿＿＿＿＿＿＿＿＿＿＿＿＿＿＿＿＿＿ 할 것이다.

*

만약 여러분이 고민거리를 품고 곱씹으면, 결국 그것은 여러분에게 현실로 다가올 것이다.

⋯⋯ 불가능을 넘어서
Against All Odds

의사는 한 소년에게 가슴이 무너져 내릴 듯한 가혹한 진단을 내렸다. 다시는 풋볼이나 야구 또는 다른 정규 스포츠를 할 수 없을 것이라고 선고했다. 그 소년은 매일 골프장을 지나쳤다. 그는 자신이 혹시 골프는 할 수 있을지 모르겠다고 생각했다. 하지만 의사는 단호했다. "말귀를 못 알아듣는구나. 목발을 짚고서 골프를 할 수는 없잖아!"

그러나 그 젊은이는 자신의 뜻을 굽히지 않았고 골프장에 나가기 시작했다. 처음에는 카트를 타고 다녔고, 공이 있는 지점까지 절뚝거리며 걸어가서는 목발을 내려놓고 공을 쳤다. 그는 이런 식으로 꾸준히 골프를 쳤고, 마침내 다리가 점점 힘을 얻는 것을 느끼기 시작했다.

결국, 이 불굴의 골퍼는 카트가 더 이상 필요하지 않게 되었고 목발도 던져 버렸다. 수년에 걸친 끈질기고도 낙관적인 노력 끝에 1978년 앤디 노스는 전미오픈 골프대회를 석권했다. 다시는 운동을 할 수 없을

것이라는 판결을 받았던 한 젊은이는 타고난 재주 때문이 아니라 끈질
긴 각고의 노력과 꾸준히 노력하면 반드시 할 수 있다는 확신으로 승리
한 것이다. 앤디 노스는 승리자다. 그와 같은 결심이라면 여러분도 승자
가 될 수 있다!

행동 계단

- 나는 오늘 뼈 질환으로 다리를 절게 된 앤디 노스가 자신의 꿈을
  이루었다면, 나 역시 내 꿈을 이룰 수 있음을 명심할 것이다.
- 나는 오늘 _____ 할 것이다.

*

두려움은 자신 안에 담아두라. 하지만 용기는 다른 사람과 나누어라.

— 로버트 L. 스티븐슨

······ 기술
Skill

여러분은 아마 '시도할 가치가 있는 일은 잘할 가치가 있다' 는 말을 수없이 들어보았을 것이다. 하지만 조지아 주 애틀랜타의 스티브 브라운(S. Brown)은 다음과 같이 말한다. "시도할 만한 가치가 있는 일은 잘하지 못할 만한 가치가 있다." 그리고 이렇게 설명한다. 시도할 만한 가치가 있는 일을 잘하기 위해서는 많은 시간과 노력이 필요하다. 처음에는 그 일을 잘하지 못할 가능성이 많다. 그러나 처음에는 잘하지 못한다 할지라도 더 잘할 수 있는 새로운 방법과 절차, 기술을 연구하고, 더 나은 기술을 습득하기 위해 더 많은 노력을 경주한다면 우리는 점점 나아져서 결국에는 그 과업을 잘 수행할 수 있게 될 것이다.

다시 한 번 반복하자면 시도할 만한 가치가 있는 일은 잘하지 못할 만한 가치가 있다. 지금 여러분의 모습 그대로 최선을 다해서 시작하라. 비록 지금은 전문가처럼 할 수 없다고 할지라도 인내하면서 여러분의 기술을 연마하고 연습하며 많은 노력을 기울인다면 여러분은 결국에는 전문가처럼 능숙하게 해내게 될 것이다!

행동 계단

- 나는 오늘 시도할 만한 가치가 있는 일은 내가 그 일을 잘하게 될 때까지 잘하지 못해도 괜찮다는 것을 명심할 것이다.
- 나는 오늘 _____ 할 것이다.

*

멀리서 보면 큰 시련이 가까이서 보면 사소한 문제이다.

······ 필드 골 키커
The Field Goal Kicker

스티브 리틀은 풋볼 경기장에서 투사처럼 싸웠고, 이제는 또 다른 종류의 싸움을 싸우고 있다. 스티브는 아칸소대학 선수로서 미국 대학 스포츠 연맹(NCAA)의 필드골 기록 보유자였으며, 1978년 세인트루이스 카디널스팀에 1순위로 지명을 받았다. 하지만 데뷔 초부터 엄청난 견제를 받았으며, 간혹 (달라스 카우보이스를 상대로 52야드 필드 골을 성공시킨 것과 같은) 멋진 플레이도 보여 주었지만, 결국 다른 선수에게 키커 자리를 내주고 방출되고 말았다.

팀에서 방출된 지 8시간 만에 그는 자동차 사고를 당했고 목 아래로 전신마비를 입었다. 이제 그는 선수 시절보다 더 힘겨운 싸움을 하고 있다. 그는 비통에 빠져 있을까? 결코 그렇지 않다! 스티브는 꿋꿋한 태도를 보여 줌으로써 자신이 승자임을 증명하고 있다. 그는 이런 상황에서도 자신이 최선을 다할 것임을 믿어 의심치 않으며, 그런 자신의 모습을 통해서 비극을 겪고 있는 많은 사람에게 용기와 희망을 불어넣어 주리라는 것을 확신한다.

스티브 리틀은 여전히 싸우고 있다. 그는 자신이 다시는 걸을 수 없을지도 모른다는 사실을 잘 안다. 하지만 그의 용기와 태도, 그리고 남을 돕고자 하는 열의는 그를 이미 승자로 만들었다. 살다 보면 우리가 어찌할 수 없는 일들이 생기기도 한다. 하지만 그런 일에 어떻게 반응하는가 하는 점은 분명히 우리에게 달려 있다!

행동 계단

- 나는 오늘 스티브 리틀을 본받아서 나의 싸움을 용기 있게 싸워 나갈 것이다.
- 나는 오늘 _____ 할 것이다.

*

한 팔을 가지고도 올바른 태도를 가진 사람이 두 팔을 가지고도 잘못된 태도를 가진 사람을 이길 수밖에 없다는 것은 너무나 자명한 사실이다.

— 데이비드 슈워츠

······ 나이
Age

만약 여러분이 1930년대 야구팬이었다면, 허브 키틀이 마이너리그에서 공을 던지는 모습을 보았을지도 모르겠다. 또한 그가 1980년대에 공을 던지는 모습을 여러분의 손자가 보았을 수도 있다. 허브 키틀은 지난 60년의 세월을 가로질러 프로야구 시합에서 공을 던진 유일한 생존자이다.

키틀은 1936년 시카고 컵스에서 야구 선수 생활을 시작했다. 30~40년대에는 마이너리그에서 투수생활을 했고, 50년대에 선수생활에서 은퇴했다. 하지만 야구에 대한 애정으로 계속 야구계에 머물렀으며, 프로야구 역사상 가장 훌륭한 투수 코치 중 한 사람이 되었다.

1969년 조지아 주의 사바나 팀에서 코치 생활을 할 때, 투수 부족으로 마운드에 서야 했다. 1973년 휴스턴 아스트로스에서 코치를 할 때는 디트로이트 타이거즈와의 시범경기에서 감독이었던 레오 듀로셔의 요청으로 1점 차 리드를 지키기 위해 마운드에 올랐다. 허브는 1이닝을 무실점으로 막았고, 세이브를 올렸다.

1980년대에도 마운드에 설 기회가 찾아왔다. 스프링필드 레드버즈의 코치였던 허브 키틀은 불과 63세의 나이로 1이닝을 던졌고, 미 프로야구 역사상 60년에 걸쳐 마운드에 올랐던 유일한 선수가 되었다. 허브 키틀은 "나이란 자신이 생각하는 만큼만 먹는 것이다"라는 옛말의 산 증인이 된 것이다.

행동 계단
- 나는 오늘 내 나이를 변명거리가 아니라 자산으로 활용할 것이다.
- 나는 오늘 _____ 할 것이다.

*

마음의 나이는 희끗해진 머리카락 색깔로 알 수 있는 것이 아니다.

— 에드워드 불워 리턴

Goals

Attitude 태도

Choosing 선택

Courage 용기

Goals

목표
성공은 매일매일의 작은 승리로 이루어진다.

How To 방법

Love 사랑

Perseverance 인내

······ 바람
Wishes

여러분이 인생에서 진정으로 원하는 것을 어떻게 얻을 수 있을까? 먼저 여러분이 진정으로 원하는 것이 무엇인지를 결정한 후, 어떻게 그것을 성취할지에 대한 계획을 강구해야 할 것이다.

바버라 셔는 『위시크래프트: 소원을 이루는 기술』(*Wishcraft: How to Get What You Really Want*)이라는 책을 썼다. 원하는 것을 성취하는 열쇠로 그녀가 강조하는 것은 위시크래프트이다. 여러분이 먼저 준비해야 할 것은 연필, 종이, 그리고 문제다. 그다음 단계는 다음의 문장을 완성하는 것이다. "내가 목표를 달성하지 못하는 것은 … 때문이다." 예를 들면, 여러분은 학위, 돈, 경험이 없어서 목표를 달성할 수 없다고 말할 수 있다.

바버라는 일단 여러분의 목표를 달성하지 못하게 하는 것을 결정하고 난 다음에, 다음의 질문에 대한 답을 구하라고 조언한다. ① 어떻게 … 없이도 나의 목표를 달성할 수 있을까? ② 어떻게 … 를 얻을 수 있을까? 이 방법을 실제로 활용한 좋은 사례가 있다.

진 니데치는 의사나 영양사가 아니었으며, 마른 체형을 원하는 평범한 여성이었다. 그녀는 원하는 대로 체중을 줄였고, 다른 사람들도 체중을 줄일 수 있도록 돕겠다는 목표를 세웠다. 문제는 그녀가 체중 조절에 관한 권위자가 전혀 아니라는 사실이었다. 진은 자신의 경험을 바탕으로 체중을 줄이기 위해서 어떻게 해야 할지에 대한 내용을 담은 패키지를 직접 도안하기로 결정했다. 그녀는 여러 장애에도 자신의 아이디어를 수백만 달러의 사업으로 발전시켰는데, 그것이 바로 웨이트 워처스(Weight Watchers)이다. 진 니데치는 목표에 대한 계획을 세웠고, 그 계획을 실천에 옮겼기 때문에 자신의 목표를 이룰 수 있었다. 여러분도 원하는 것이 무엇인지를 결정하고, 그 목표를 이루는 데 필요한 계획을 수립한 후, 그 계획대로 실천하라. 그러면 여러분도 성공할 수 있을 것이다.

행동 계단

- 나는 오늘 내가 원하는 것이 무엇인지를 결정할 것이다. 그리고 그것을 성취할 수 있는 계획을 세울 것이다.
- 나는 오늘 _____ 할 것이다.

*

내일을 가장 잘 준비하는 길은 오늘 해야 할 일을 잘하는 것이다.

— 윌리엄 오슬러

⋯⋯ 시간
Time

백만장자와 거지는 공통점이 한 가지 있다. 둘 다 하루에 1천4백40분을 쓴다는 점이다. 하지만 대부분 사람들은 시간이 부족하다고 투덜거린다.

성공하기 위해서는 시간 관리가 필수이다. 시간은 우리에게 가장 중요한 자산이다. 흘려보낸 순간과 시간은 다시 되돌아오지 않는다. 그것은 영원히 잃어버린 것이다. 문제는 어떻게 시간을 효율적으로 사용하는가 하는 점이다.

시간 관리를 시작하기 위해서는 먼저 한 시간이 60분으로 이루어진 것이 아니라는 사실을 깨달아야 한다. 한 시간에는 여러분이 사용하는 만큼의 분만이 존재한다.

여러분은 얼마나 많은 시간을 허비하는가? 만약 여러분이 정말 그것을 알고 싶다면, 꼼꼼하게 목록을 점검해야 한다. 달력이나 다이어리를 준비해서 하루를 8시간씩 나누라. 그다음 매시간을 60분으로 나누라. 이번 한 주간 동안 매일 60분 단위로 무엇을 하는지를 기록으로 남기라. 그렇게 한 주간 동안 기록을 한 다음에, 기록을 점검해 보라. 그러면 여러분은 뭉그적거리거나 무계획적인 시간사용으로 얼마나 많은 시간을 허비하고 있는지를 발견하게 될 것이다.

여러분의 시간 사용 패턴을 점검한 다음에, 시간 목록을 다시 기록해 보라. 이번에는 여러분의 주간 계획을 좀 더 신중하게 수립하라. 각 시간 목록에 적합한 서신, 전화, 확인전화 등을 기입하라. 항상 갑자기 해야 할 일의 항목을 준비해두라.

시간이야말로 여러분이 여러분 자신에게 팔아야 할 유일한 것임을 명심하라. 여러분이 여러분의 시간을 더 잘 사용할수록 더 높은 가격을 받을 수 있을 것이다.

행동 계단

- 나는 오늘 내가 어떻게 시간을 사용하는지에 대한 한 주간 동안의 시간 목록 기록을 시작할 것이다.
- 나는 오늘 _____ 할 것이다.

*

미국인은 전 세계 어떤 나라의 사람들보다도 시간을 절약하는 장치를 더 많이 가지고 있으며, 또한 시간이 가장 부족하다.

— 덩컨 콜드웰

······ 계획
Planning

누구나 성공하고 싶어 한다. 하지만 대부분 사람들은 무엇을 해야 할지, 무엇부터 해야 할지 모르는 경우가 많다. 성공하기 위한 첫째 전제조건은 명확한 목표를 세우는 것이다. 그다음에는 그 목표를 달성하기 위한 계획을 세워야 한다. 여러분의 관심과 목표가 교육, 의료, 정치, 스포츠, 또는 그 무엇이든 이것은 성공을 위한 필수적인 요소이다.

유명한 배우가 중년에 진로를 바꾸기로 결심했다. 그의 목표는 정계로 진출하는 것이었다. 그는 세심하게 계획을 세웠다. 그 계획은 지방정계부터 시작해서 주 정계, 그리고 미국 내 최고의 직위까지 망라했다. 그의 이름은 로널드 레이건이다.

안경을 쓴 작은 소년이 위대한 골프 선수가 되려는 목표를 세웠다. 그는 고등학교, 대학교에서 골프를 했고, 이제 PGA의 단골 우승 멤버가 되었다. 그의 이름은 톰 카이트이다.

목표란 단지 생각하는 것만으로 이루어지지 않는다. 분명한 행동 지침을 담은 계획이 필요하다. 성공적으로 목표를 성취하기 위해서는 열심히 노력하는 것만으로 충분하지 않다. 목표를 향해 정확하게 노력해야 한다. 위대한 성공을 거둔 인물들은 대개가 성공을 위한 명확한 계획을 수립한 사람들이다. 그들은 목표를 설정할 뿐 아니라 그 목표를 이루기 위한 세밀한 실천 계획을 세운 사람들이다.

행동 계단

- 나는 오늘 내가 가진 모든 것을 쏟아 부을 목표를 세울 것이다.
- 나는 오늘 나의 목표를 이루기 위한, 적어도 한 가지 세부적인 계획을 수립할 것이다.
- 나는 오늘 ＿＿＿＿＿＿＿＿＿＿＿＿＿＿＿＿ 할 것이다.

*

가장 가련한 사람은 꿈이 없는 사람이다.

······ 난관
Adversity

데이비드 웰시는 변호사가 되기로 굳게 결심했다. 문제는 그가 난독증이 있다는 점이었다. 모든 글자가 원래 위치와 정반대로 보이는 증세로 학습에 커다란 장애가 되었다.

초등학교 시절 데이비드의 부모님은 모든 숙제를 그에게 읽어 주어야 했다. 그는 숙제 내용을 부모에게 구술했고, 부모님은 그것을 받아 적었다. 물론 많은 사람이 데이비드의 꿈에 대해서 고개를 가로저었다.

데이비드는 웨스트민스터대학에 입학했고, 모든 강의를 받아 적는 대신 녹음기로 녹음했다. 모든 시험문제는 타자기로 답안을 작성했다. 데이비드는 대학을 졸업했지만, 사람들은 여전히 변호사가 되려는 그의 꿈에 대해 고개를 가로저었다.

하지만 데이비드는 긍정적인 청년이었다. 그는 털사대학 법과 대학원에 진학했고, 모든 강의를 녹음했으며 그것을 반복해서 들었다. 법학

도서관에서 오랜 시간 어렵게 과제를 읽어냈고, 한 글자 한 글자 힘들게 공부했다. 그는 자비를 들여서 기말 보고서와 시험 답안들을 구술로 작성했다.

현재 데이비드 웰시는 변호사다. 어려웠을까? 그렇다! 어려운 일들이 많았을까? 당연하다! 많은 사람들이 할 수 없을 것이라고 말했지만 데이비드의 꿈은 변호사가 되는 것이었고, 그는 그 꿈을 이루기 위해 필요한 노력을 기꺼이 기울였다.

여러분에게 묻겠다. 여러분의 목표를 이루지 못하게 하는 것이 무엇인가? 그것을 나에게 설명하지 말고 데이비드 웰시에게 말하라. 만약 그를 만날 수 있다면 말이다. 그는 지금 또 다른 목표를 위해 매진하고 있다. 장애물에 시선을 고정하지 말고 그 너머에 있는 여러분의 목표를 바라보라. 여러분 또한 해낼 수 있다!

행동 계단

- 나는 오늘 문제가 아니라 해결책에 집중할 것이다.
- 나는 오늘 _____ 할 것이다.

*

인격은 위기 때에 만들어지는 것이 아니다. 그때 드러날 뿐이다.

—로버트 프리만

······ 기회
Opportunity

　　장애물이란 성장과 개선을 위한 기회일 뿐이다. 수년 전에 개리 고랜슨은 새 차를 사기 위해 쓰던 차를 보상 판매하기로 결심했다. 차의 상태는 양호했지만, 한 가지 문제가 있었다. 차의 페인트 도색이 문제였다. 실제 연식보다 10년은 더 낡아 보였다. 외관이 너무 낡아 보여서 도저히 제값을 받기는 어려울 것 같았다.

　　하지만 개리는 쉽게 포기하는 사람이 아니었기에, 차의 외관을 향상시킬 방법을 찾기 시작했다. 그리고 곧 놀라운 성과를 거둘 방법을 찾아냈다.

　　개리는 원래 캐나다 공군이 비행기를 청소할 때 쓰던 낡은 기계를 구입했다. 그것은 사람 손처럼 움직이는 기계였는데, 분당 수백 번을 회전하는 기계였다. 이 기계를 이용해서 자신의 낡은 차의 외관을 멋지게 바꾸었을 뿐 아니라, 곧 친구들을 위해서도 같은 작업을 해 주었다. 가능성을 엿본 개리는 같은 기계를 여러 대 구입해서 타이디 카(Tidy Car)라는 자동차 외관 전문 사업을 시작했다. 이제 그는 수백 개의 프랜차이즈를 거느린 사업가가 되었다.

이것은 하나의 작은 장애물이 어떻게 새로운 사업의 기회를 창출하는 계기가 되었는지를 보여 주는 하나의 사례다. 또한 여러분의 문제가 어떻게 다른 사람들의 문제와 연결되고, 그것이 사업으로 발전할 수 있는지를 보여 주는 좋은 사례이기도 하다. 여러분이 자기 문제의 해결책을 발견하면, 그를 통해 많은 다른 사람들도 도움을 받을 수 있고, 그것이 여러분의 보상으로 되돌아오는 것이다.

행동 계단

- 나는 오늘 레몬(lemons, 불량제품 – 옮긴이)을 레모네이드(lemonade)로 바꿀 방법을 찾을 것이다.
- 나는 오늘 _____ 할 것이다.

*

매일 갈고 닦음으로써 빛나게 되는 것이다.

······ 두려움
Fear

"두려움은 늘 있지요. 비결은 두려움을 제거하는 것이 아니라 극복하는 것입니다"라고 피터 비드마르는 말한다. 그는 로스앤젤레스 출신으로 스포츠를 사랑했지만, 키가 작아서 많은 좌절을 겪었다. 피터는 자신에 대해 이렇게 말한다. "저는 팀에 보탬이 되기보다는, 짐이 되는 편이었지요."

열한 살 때 피터는 체조를 시도해 보기로 결심했다. 올가 코르부트(O. Korbut, 벨라루스 체조선수-옮긴이)와 나디아 코마네치(N. Comaneci, 루마니아 체조선수-옮긴이)에 의해 영감을 받은 그는 체조를 계속했고, 고등학교를 거쳐 장학금을 받고 UCLA에 진학했다. 피터 비드마르는 현재 세계 체조대회에 출전하는 최상위급 선수가 되었다. 최근에는 권위 있는 아메리칸 컵을 수상했는데, 6개 종목에서 60점 만점에 59점을 획득했다. 이는 미국 신기록이었다. 하지만 21세인 피터 비드마르는 신장이 165센티미터에 불과하다.

피터의 코치는 최근 『피플스』(Peoples) 잡지에 다음과 같은 놀라운 고백을 했다. "피터는 그렇게 재능이 출중한 선수는 아닙니다. 피터보다 운동 신경이 뛰어나고 힘도 좋으며 유연한 선수들은 많이 있었죠. 하지만 피터가 그들보다 뛰어날 수 있었던 것은 단 한 가지, 그의 투지 때문이었죠." 코치의 말에 따르면, 그는 한 가지 기술을 익히기 위해 4년 동안 연습을 계속했다고 한다. 나는 여러분도 피터 비드마르와 같은 투지를 가지고 여러분의 목표를 향해 매진한다면, 정상에 서게 될 것이라고 확신한다!

행동 계단

- 나는 오늘 나의 성공에 도움이 되는 최우선적인 활동에 나의 힘을 집중할 것이다. 내가 집중할 활동은 ＿＿＿＿＿＿＿＿ 이다.
- 나는 오늘 ＿＿＿＿＿＿＿＿＿＿＿＿＿＿ 할 것이다.

＊

지금 주어진 일에 여러분의 모든 생각을 집중하라. 태양광선은 모이지 않으면 물건을 태울 수 없다.

— 알렉산더 G. 벨

…… "아니요" 라고 말하기
Saying "No"

'아니요'라는 말이 부정적으로 들리는가? 물론 그렇다. 하지만 "아니요"가 성공을 위한 "네"가 될 때도 있다.

14세인 산드라는 멋진 선율을 피아노로 연주했고, 관중은 조용히 연주를 들으며 그녀의 재능에 감탄했다. 연주를 마치자 엄청난 환호와 박수를 받았다. 산드라는 충분히 보상을 받았다. 연주를 잘해냈다는 스스로의 만족감뿐 아니라, 청중들로부터도 인정을 받은 것이다.

하지만 산드라의 연주 실력은 쉽게 얻어진 것이 아니다. 오늘이 있기까지 그녀는 매일 4시간씩 9년 동안 꾸준히 연습했다. 그 기간 동안 많은 파티, 사회활동, 텔레비전 보기, 영화 관람, 그리고 시간을 잡아먹는 여러 활동에 대해서 "아니요"라고 말했으며, 대신 집에서 홀로 연습에 몰두했다.

산드라가 시간을 낭비하는 많은 활동에 "아니요"라고 말한 것은 사실은 인생의 더 중요한 목표에 대해서는 "네"라고 말한 것이다. 그래서 때때로 "아니요"는 성공을 위한 "네"가 되는 것이다.

행동 계단

- 나는 오늘 실패에 대해 "아니요"라고 말하며, 성공에 대해 "네"라고 말할 것이다.
- 나는 오늘 _____ 할 것이다.

*

시간을 엉망으로 사용하는 사람이 언제나 시간이 없다고 투덜대는 법이다.

— 장 드 라브뤼예르

······ 우선순위
Priorities

우선순위를 정하는 것은 그리 어렵지 않은 일이지만 심사숙고와 계획이 필요하다. 우선순위를 정하는 것은 어렵지 않다. 우선 해야 할 일의 목록을 작성한 다음, 중요도에 따라 순서를 매기면 된다. 간단하고 쉽지 않은가?

우선순위를 정해야 할 일이 세 가지 있다고 가정해 보자. 개를 위해서 벼룩 퇴치용 목걸이를 사야 하고, 새 차를 사야 하며, 아기를 병원에 데려가야 한다. 이 세 가지 일의 우선순위를 정해 보라. 비교적 분명해 보이지 않는가? 하지만 다음의 상황을 가정해 보자. 아기를 병원에 데려가는 것은 정기검진을 위한 것이며, 새 차는 당장 필요한 것은 아니다. 다만 여러분의 개를 공격 중인 벼룩은 한창 포식 중이며 언제 여러분에게로 옮아갈지 모르는 상황이다. 이제 우선순위를 다시 정해 보라. 벼룩 방지용 개목걸이를 사는 것이 제1순위가 되지 않겠는가?

장기적인 계획을 세우는 것도 중요하다. 하지만 실질적인 차원에서 지금 당장 신경을 써야 할 일들에 대해서 관심을 갖는 것도 필수적이다. 세심한 계획을 세우면 장 · 단기적인 일들을 모두 다 잘해 낼 수 있을 것이다.

내일 일을 계획하면서 오늘 일을 간과하지 마라. 오늘 역시 소중하며, 오늘 우리에게 주어진 시간은 내일 주어질 시간과 똑같은 분량이다. 오늘의 단기적인 위기를 잘 관리하는 훈련은 내일의 장기적인 목표를 달성하는 데도 큰 도움이 된다.

행동 계단

- 나는 오늘 나의 우선순위를 점검할 것이다. 나의 단기적인 우선순위는 다음과 같다.

  ① ＿＿＿＿＿＿＿ ② ＿＿＿＿＿＿＿ ③ ＿＿＿＿＿＿＿

  나의 장기적인 우선순위는 다음과 같다.

  ① ＿＿＿＿＿＿＿ ② ＿＿＿＿＿＿＿ ③ ＿＿＿＿＿＿＿

- 나는 오늘 ＿＿＿＿＿＿＿＿＿＿＿＿＿＿＿＿＿ 할 것이다.

＊

무엇을 바라는 것은 그것을 계획하는 것만큼이나 에너지가 필요하다.

······ 단순함
Simplicity

　토시히코 세코의 훈련 프로그램은 매우 간단하다. 그것은 너무나 간단해서 단 열두 마디로 표현할 수 있다. 하지만 이 훈련 계획으로 토시히코는 1981년 보스턴 마라톤과 1983년 도쿄 마라톤을 제패했다. 이 계획으로 빠르고 재능 있는 세계 여러 훌륭한 선수들을 모두 물리칠 수 있었다. 과연 그의 계획은 어떤 것일까? 세코는 다음과 같이 설명한다. "저는 아침에 10킬로미터를 달리고 저녁에는 20킬로미터를 달립니다." 다른 마라토너들의 계획과 비교해서 너무 단순한 계획이 아니냐는 질문에 대해서 그는 이렇게 대답한다. "저의 계획은 간단합니다. 하지만 저는 1년 365일 하루도 빼지 않고 매일 그 훈련대로 연습합니다."

　나는 사람들이 실패하는 이유가 계획이 너무 단순해서가 아니라 그 계획대로 실천하지 않기 때문이라고 믿는다. 자세한 계획이 필요하지 않는 목표들도 많이 있다. 하지만 계획대로 실천하는 것은 어떤 목표에 나 필수적이다.

A학점을 받기 위해서는 드라마, 코미디, 형사물, 뉴스 등을 밤늦게까지 보는 대신에 책상에 앉아 공부를 해야 한다. 피아노를 잘 치기 위해서는 매일 꾸준히 연습을 해야 한다. 체중을 줄이기 위해서는 매일 운동을 해야 하고 건강한 식단을 유지해야 한다.

세코의 훈련계획이 효과적이었던 이유는 그가 그것을 매일 실천에 옮겼기 때문이다. 계획은 꼭 복잡할 필요는 없다. 하지만 반드시 그대로 실천되어야 한다.

행동 계단

- 나는 오늘 나의 일에 대한 계획을 세우고 그것을 실천할 것이다.
- 나는 오늘 _____ 할 것이다.

*

아무것도 하지 않는 것에는 즐거움이 없다. 할 일이 많이 있고, 그것을 하는 것이 진정한 재미다.

Goals

⋯⋯ 재료
Ingredients

만약 여러분이 믿기 어려운 성공 이야기를 찾는다면, 아마 다음 이야기가 적합할 것이다.

그는 65세의 나이에 파산했다. 그에게는 집 한 채와 다 낡은 차 한 대가 남았고, 매달 105 달러의 사회보장 연금으로 연명해야 했다. 하지만 그는 꿈이 있었고 튀김 통닭을 요리하는 비법이 있었다. 요식 사업에 평생을 바친 그는 자신의 요리법을 프랜차이즈로 키우는 꿈을 키웠다.

그는 켄터키의 집을 떠나서 자신의 아이디어를 팔기 위해 미국의 각주를 여행하기 시작했다. 미주리, 인디애나, 일리노이, 캔자스를 지나는 동안 아무도 관심을 갖지 않았다. 유타 주 솔트레이크시티에 이르러서야 비로소 처음으로 구매자가 나타났다. 하지만 그의 요리법은 곧 대히트를 쳤다. 순식간에 전국의 수백 개의 레스토랑에서 그의 조리법으로 닭고기를 팔기 시작했다. 그 사람은 바로 할랜드 샌더스(Harland Sanders, KFC

대령이다.

꿈, 계획, 그리고 노력이 샌더스 대령의 꿈을 현실로 바꾼 재료였다. 하지만 이것은 숨겨진 비법이 아니다. 여러분도 똑같은 재료를 사용할 수 있다. 꿈과 계획과 노력으로 여러분도 꿈을 현실로 바꿀 수 있다. 물론 쉽지는 않겠지만, 내가 관찰한 바로는 성공하는 것이 실패하는 것보다 훨씬 재미있다.

행동 계단

- 나는 오늘 내일을 준비하기 위해 가장 중요한 행동 계단 여섯 개를 꼽아 볼 것이다.
- 나는 오늘 _____ 할 것이다.

*

만약 제시할 더 나은 계획이 없다면 다른 이의 계획을 폄하하지 마라.

...... 공식
The Formula

매우 중요한 질문이 있다. 여러분은 '희망수첩'(wish-book, 보통은 통신판매 카탈로그를 지칭 – 옮긴이)을 가지고 있는가?

대공황기에 유년기를 보낸 나는 종종 시어즈(Sears) 카탈로그를 펼쳐서 장난감, 자전거, 옷, 총, 등등 수많은 갖고 싶은 것들을 들여다보곤 했다. 그러고는 언젠가 그 모든 것을 다 소유하게 되는 꿈을 꾸었다.

나는 개인적으로 모든 사람에게 나이와 상관없이 '희망수첩'이 필요하다고 확신한다. 그런데 그런 희망사항을 현실로 만들기 위해서는 계획을 수립해야 하고 구체적인 행동을 취해야 한다. 다음은 여러분의 소망 또는 목표를 실현하는 데 필요한 7가지 실천 지침이다.

첫째, 여러분이 원하는 것이 무엇인지를 인식하라. 둘째, 왜 그것을 원하는지를 명확하게 글로 표현하라. 셋째, 그 목표를 달성하는 데 장애가 되는 것들을 나열하라. 넷째, 성장과정을 인식하라. 목표를 이루기 위해 알아야 하는 것이 무엇인지를 파악하라. 다섯째, 목표를 달성하기 위해 필요한 사람들이 누구인지 파악하라. 여섯째, 성공하기 위한 구체적인 행동 계획을 수립하라. 일곱째, 언제까지 목표를 달성할 것인지를 결정하라. 이 일곱 계단을 통해서 여러분은 성공을 향한 "희망수첩" 단계에서 "성취"의 단계로 나아갈 수 있을 것이다.

행동 계단

- 나는 오늘 나의 "희망수첩"에서 하나의 꿈을 선택해서 일곱 계단 공식을 적용할 것이다. 그리고 그 꿈을 현실로 만들 것이다.
- 나는 오늘 _____ 할 것이다.

＊

여러분은 단기적인 실패로 좌절하지 않기 위해서 장기적인 목표가 있어야 한다.

— 찰스 C. 노블

······ 집중
Concentration

오늘이라는 시간이 여러분에게 중요한 이유는 다음과 같다. 여러분이 그 시간을 허비하든 유용하게 쓰든, 어떻게 사용하든지 간에 여러분은 일생에서 오늘 하루라는 시간을 투자한 것이다! 시간을 더욱 효율적으로 사용하기 위해 세 가지를 제안하려고 한다.

첫째는 여러분의 목표를 위해 시간을 투자하라는 것이다. 올림픽 장대높이뛰기 전 챔피언인 밥 리처드는 1만 시간 이상 장대높이뛰기를 연습했다고 한다. 올림픽이 끝난 후 밥은 누구든지 어느 분야에 1만 시간을 투자하면 전문가가 될 수 있다는 것을 역설했다. 여러분도 무엇이든지 1만 시간을 투자하면 그 분야의 달인이 될 수 있다.

둘째, 지금 여러분에게 주어진 시간을 잘 활용하라. 허버트 후버는 기차역에서 기다리는 시간을 활용해서 책을 썼다. 노엘 카워드는 교통 정체에 갇혀 있는 동안 히트곡 「다시 만날 거야」(I'll See You Again)를 썼다.

마지막으로, 여러분의 시간을 허비하지 마라. 최근에 대중 잡지는 14개 기업의 18명의 임원을 대상으로 시간 사용에 관한 실태를 조사했다. 연구 결과에 따르면 이 임원들은 하루 평균 5.5시간을 대화하는 데 사용했다고 한다. 연구의 결론은 임원들이 목표를 이루는 데 필요한 시간을 충분히 가지고 있지만, 그것을 사용하지 않는다는 것이었다.

모든 사람은 톨스토이가 『전쟁과 평화』를 쓸 때나 에디슨이 백열전등을 발명할 때와 똑같은 분량의 시간을 가지고 있다. 오늘이라는 시간은 매우 중요한 시간이다! 여러분이 어떻게 그것을 사용하든, 여러분 일생의 하루가 투자된 것이다.

행동 계단

- 나는 오늘 내가 하는 일에 내 일생의 하루를 투자한다는 사실을 명심할 것이다. 따라서 나의 시간을 현명하게 사용할 것이며, 나의 목표를 달성하는 데 투자할 것이다.
- 나는 오늘 ＿＿＿＿＿＿＿＿＿＿＿＿＿＿＿＿＿ 할 것이다.

*

우리는 시간을 멈추거나, 지연하거나 낭비할 수 없다. 시간을 낭비하는 것은 영원을 손상하는 것이다.

— 조셉 C. 크루

······ 여성들
Women

오늘날에는 여성이 점점 더 많이 경제활동에 참여하고 있다. 여기서 우리가 갖게 되는 궁금증은 다음과 같다. "여러 경제 문제가 여성에게는 남성과 다르게 영향을 미칠까?"

그렇다. 여성은 남성과 다르다! 그리고 그 점에 대해서 우리 남성은 여성에게 늘 고마운 마음을 갖고 있다. 하지만 남성과 여성에게 똑같은 영향을 미치는 분야들도 많이 있다. 성공의 원칙은 남성과 여성에게 똑같이 적용되며, 목표를 명확하게 설정하지 않으면 원칙은 실효를 거두지 못한다.

즉, 추구해야 할 목표에 대한 분명한 그림이 없으면, 새로운 분야로 경력을 바꾸는 것은 좋지 않다는 말이다. 경영 연구소 부소장인 헬렌 맥레인에 따르면 여성은 남성보다 경력에 관한 계획을 가지고 있는 비율이 낮다고 한다. 성별에 관계없이 성공을 추구하는 모든 이에게 우선순위를 결정하고 시간 계획을 수립하며 추구할 목표를 명확히 정의하는 것은 매우 중요하다.

우리 모두에게는 명확한 행동 계획이 필수적이며, 이는 경제 활동을 처음 시작하는 여성에게 특별히 중요하다. 여러분의 계획을 수립하고, 분명한 목표를 설정하라.

행동 계단

- 나는 오늘 계획을 수립하는 데에 _____ 시간 또는 _____ 분을 투자할 것이다.
- 나는 오늘 _____ 할 것이다.

*

얄팍한 인간은 운을 믿으며, 현명하고 강한 사람은 인과관계를 믿는다.

— 랠프 W. 에머슨

······ 피로
Fatigue

1952년 7월 4일 플로렌스 채드윅은 카탈리나섬으로부터 캘리포니아 해변까지 21마일을 헤엄쳐 건너가기 위해 차가운 바닷속으로 뛰어들었다. 시간이 흐를수록 피로가 몰려왔고, 무엇보다 큰 문제는 뼈를 에는 듯한 차가운 바닷물이었다. 수영을 시작한 지 15시간 만에 추위로 감각을 거의 잃은 플로렌스는 수영을 포기했다. 따르던 배에 올라타자마자 그녀는 해안이 불과 0.5마일 떨어져 있다는 사실을 알게 되었다. 그녀는 나중에 만약 안개가 그녀의 시야를 가리지 않았다면, 그래서 해안선을 볼 수만 있었다면, 추위와 피로에도 수영을 완주할 수 있었을 것이라고 회상했다. 안개가 그녀의 이성과 눈과 마음을 마비시켰던 것이다. 이 것은 플로렌스 채드윅이 중도에 수영을 포기한 유일한 경우였다.

2달 후에 그녀는 같은 해협에 재도전했다. 이번에도 안개가 그녀의 시야를 가렸지만, 그녀는 믿음을 잃지 않고 수영을 계속했다. 안개 저

너머에는 해안이 있을 것이었다. 플로렌스 채드윅은 카탈리나 해협을 수영으로 횡단한 최초의 여성이 되었을 뿐 아니라, 남성의 기록을 2시간이나 앞당기는 쾌거를 이루었다.

이 이야기의 메시지는 분명하다. 여러분은 터널의 끝을 볼 수 없을지 모르지만, 반드시 끝은 있다! 그러므로 눈에 보이지 않는다 할지라도 여러분이 추구하는 목표가 거기 있다는 것을 확신하라. 피로에도 불구하고 여러분의 목표를 위해 계속 헌신한다면, 여러분의 목표를 달성할 가능성은 엄청나게 비약할 것이다!

행동 계단

- 나는 오늘 비록 눈에는 보이지 않는다 할지라도 터널의 끝, 즉 나의 목표의 성취가 그리 멀지 않다는 것을 명심하고 포기하지 않고 정진할 것이다.
- 나는 오늘 _____ 할 것이다.

✳

여러분이 볼 수 있는 최대한까지 나아가라. 그러면 여러분은 거기에서 더 멀리까지 바라볼 수 있을 것이다.

······ 행동
Action

19세기의 영국 총리였던 벤저민 디즈레일리는 행동이 반드시 행복을 가져다주는 것은 아니지만, 행동 없이는 행복도 없다고 말했다. 아루스킨드(Aruskind)는 같은 진리를 다르게 표현했다. "무언가를 하는 것은 좋은 일이다. 사람들이 옳은 일을 하게 되면 결국은 그것을 좋아하게 된다." 데일 카네기는 다음과 같이 말했다. "열정적이고 싶다면 열정적으로 행동하라." 윌리엄 제임스는 태도가 행동에 의해 결정된다고 말한다. "우리는 행복하기 때문에 노래하는 것이 아니라, 노래하기 때문에 행복한 것이다."

이 사람들은 모두 같은 이야기를 하고 있다. 행동, 활동, 무언가를 하는 것을 통해서 보상과 인정을 받을 뿐 아니라 행복을 느끼게 된다. 무언가를 열심히 할 때, 우리는 생각을 건설적인 방향으로 집중하게 된다. 지식을 활용해서 과업을 수행할 때, 우리는 다른 것에서 맛볼 수 없는 자기만족과 행복감을 느끼게 된다. 법칙은 간단하다. 만약 여러분이 행복을 원한다면, 여러분은 적극적으로 그것을 위해서 행동하라!

행동 계단

- 나는 오늘 행동이 성취를 위한 열쇠임을 명심할 것이다.
- 나는 오늘 _____ 할 것이다.

*

감정을 변화시키는 것은 논리가 아니라 행동이다!

······ 행운
Breaks

　인생이라는 항로를 헤쳐 가는 사람들 중에는 성공하기 위해서는 행운이 필요하다는 잘못된 생각을 가진 사람들이 많이 있다. 그러나 내가 관찰한 바로는 행운을 얻는 사람 중 99퍼센트는 스스로 행운을 만드는 사람들이다. 오래전에 기번(E. Gibbon, 영국의 역사가 – 옮긴이)은 다음과 같이 말했다 "바람과 파도는 언제나 능숙한 뱃사람의 편이다." 나중에 어떤 이는 그것을 좀 더 현대적으로, 그리고 좀 냉소적으로 이렇게 표현했다. "가장 강하고 빠른 말이 늘 우승하는 것은 아니지만, 내기를 건다면 그런 말에게 걸어야 한다." 행운에 대한 이야기를 이런 식으로 설명할 수 있을지 모른다. "경주에서 우승하는 가장 좋은 방법은 경주에서 이길 수 있도록 준비하는 것이다." 정상에 이르는 가장 좋은 길은 밑바닥부터 철저하게 준비하고 노력하는 것이다.

　"여러분이 어디로 가야 할지 방향을 모른다면, 순풍을 기대한다는 것

은 어불성설이다." 이들이 말하려는 것은 이것이다. 여러분은 자신이
원하는 것이 무엇인지 먼저 결정해야 한다. 그리고 여러분의 목표를 달
성하기 위해 열심히 노력해야 하며, 그 목표가 반드시 이루어질 것이라
고 믿어야 한다. 정말 훌륭한 충고가 아닐 수 없다!

행동 계단

- 나는 오늘 성실히 준비하고, 꾸준히 노력함으로써 나의 행운을 만
  들어갈 것이다.
- 나는 오늘 _____ 할 것이다.

*

만약 여러분이 무언가를 하기 원하고, 하려는 의지가 있으며, 오랜 시간 꾸
준히 노력한다면, 여러분은 매일 조금씩 점진적으로 그것을 해낼 수 있다.

― 윌리엄 E. 홀

······ 지도력
Leadership

나는 세일즈맨 초기, 마치 큰 형처럼 나를 끌어 주던 세일즈 매니저를 만나는 행운을 누렸다. 그의 이름은 빌 크랜포드였는데, 서툴기 짝이 없는 나를 욥(Job)과 같은 인내심으로 이끌어 주었다.

내가 마침내 세일즈 세계에서 생존법을 배우고 관리직으로 승진하게 되었을 때, 빌은 지도력에 관한 간단한 교훈을 가르쳐 주었다. 그는 끈을 하나 들고서 다음과 같이 말했다. "지그, 이 끈은 당기기는 쉽지만 밀기는 어렵다네. 사람들도 마찬가지야. 앞에서 이끄는 것은 쉽지만 뒤에서 미는 것은 어렵지. 이제 관리직으로 승진한 만큼, 부하 직원들에게 보고 따라올 수 있는 모범을 보여 주게. 그러면 사람들을 뒤에서 닦달할 일이 별로 없을 걸세. 그들은 지도자를 따라가는 걸 좋아하지."

수년에 걸친 내 경험으로 미루어볼 때, 빌의 말이 옳았다는 것을 고백한다. 사람들은 진정 지도자를 따르는 것을 좋아한다. 그것은 세일즈,

가족, 사업, 교회, 정치를 막론하고 사실이다. 뒤에서 밀지 말고 앞에서 이끌라. 그러면 여러분과 여러분 주위의 사람들 모두 목표를 달성하게 될 것이다!

행동 계단

- 나는 오늘 사람들을 앞으로 내모는 것보다 사람들과 함께 나아감으로써 더 많은 성취를 이룰 수 있다는 것을 명심할 것이다.
- 나는 오늘 _____ 할 것이다.

*

여러분은 입이 아니라 여러분의 삶으로 더 나은 설교를 할 수 있다.

— 올리버 골드스미스

······ 세 가지 특질
Three Important Qualities

나는 목표를 달성하기 위해서는 목표를 설정하는 것과 꾸준히 열심히 일하는 것이 대단히 중요하다고 믿는다. 그런데 때로는 목표 설정이 별 효과가 없을 때가 있다. 비현실적이거나, 측정할 수 없고, 도전할 만한 하지 않은 목표는 아무 소용이 없다. 목표 설정이 여러분의 삶과 사업에서 효력을 발휘하려면, 이 세 가지 특질을 갖추어야 한다.

첫째, 여러분의 목표는 현실적이어야 한다. 여러분이 모나리자 같은 명화를 그리겠다는 목표를 갖는 것은 칭찬할 만하다. 하지만 여러분이 그림에 전혀 재능이 없다면, 그것은 현실적인 목표가 아니다.

둘째, 여러분의 목표는 측정 가능해야 한다. 예를 들어, 여러분의 사업에 관련된 모든 사람의 기분을 좋게 만들겠다는 목표는 좋은 의도이긴 하지만, 목표로서는 쓸모가 없다. 측정 불가능하기 때문이다.

셋째, 여러분의 목표는 도전할 만한 것이어야 한다. 현실적일 뿐 아니라, 정말 도전하고 싶은 욕망을 불러일으키는 것이어야 한다. 실현 불가능한 것이어서는 안 되지만, 너무 쉽게 달성할 수 있는 것이어서도 안 된다. 도전은 여러분에게 에너지를 제공한다. 산이 높을수록 정상 정복의 기쁨도 큰 법이다.

행동 계단

- 나는 오늘 현실적이고 측정 가능하며 도전이 되는 목표를 세울 것이다.
- 나는 오늘 _____ 할 것이다.

*

사람은 쉽게 얻을 수 있는 것 그 이상을 꿈꾸어야 한다. 그렇지 않다면 천국이 무슨 소용이겠는가?

…… 목표 달성을 그려보기
Seeing the Reaching

나는 긍정적인 사고를 오랫동안 주창해왔다. 여러분은 마음속으로 그려보는 대로 실제 과업을 실행하게 된다. 여러분이 실제로 행동을 취하기 전에 마음으로 그 결과를 미리 내다보는 것이다. 잭 니클라우스는 퍼팅하기 전에 골프공이 홀컵으로 들어가는 것을 미리 그려본다. 라파엘 셉티엔(R. Septien, 미식축구 선수-옮긴이)은 실제로 공을 차기 전에 공이 똑바로 날아가는 것을 그려본다. 모지스 말론(M. Malone, 농구 선수-옮긴이)은 공을 던지기 전에 공이 골망을 가르는 것을 그려본다.

맥스웰 몰츠(M. Maltz)는 『사이코 사이버네틱스』(Psychocybernetics)라는 책에서 운동선수들이 흔히 하는 "정신 훈련"(mental training)에 대한 과학적인 연구를 소개하고 있다. 연구 결과에 따르면 자유투를 실제 몸으로 연습한 운동선수와 "마음의 눈"(mind's eye)을 통해 연습한 선수가 큰 차이를 보이지 않는다고 한다.

이런 훈련은 위대한 운동선수에게 큰 도움이 되며, 여러분에게도 일상생활에 도움이 될 수 있다. 여러분은 스스로 승자인 것처럼 자신의 생각을 조절할 수 있다. 이것은 여러분이 승자가 되기 위한 가장 우선적이고도 중요한 단계이다. 긍정적으로 생각하고, 긍정적인 결과를 기대하라. 여러분의 마음속으로 그리는 모습이 실제 여러분의 성취로 현실화될 것이다.

행동 계단

- 나는 오늘 실제로 행동을 하기 전에 내가 승자가 되는 모습을 먼저 그려볼 것이다.
- 나는 오늘 _____ 할 것이다.

*

우리의 지성이 새로운 깨달음으로 새로운 세상을 보게 되면, 다시는 옛 사고방식으로 되돌아가지 않는다.

— 올리버 W. 홈즈

How To

Attitude 태도

Choosing 선택

Courage 용기

Goals 목표

How To

방법
교육의 목표는 지식이 아니라 행동이다.
— 허버트 스펜서

Love 사랑

Perseverance 인내

······ 견디기
Tolerate

나는 지난 수년간 비행기로 여행을 많이 했다. 거대한 기계가 하늘을 빠르고 안전하게 나는 모습은 언제나 경탄을 자아낸다. 때때로 날씨가 안 좋을 때는 비행기의 날개 끝이 흥분한 매처럼 파닥이는 모습을 볼 수 있다.

한번은 내 옆에 앉아 있던 사람이 그런 모습을 보고 흥분된 목소리로 말했다. "저기 보세요, 날개가 곧 부러질 것 같은데요!" 그러자 곁에 있던 승무원이 원래 날개는 궂은 날씨에 견딜 수 있도록 유연하게 만들어졌다고 안심을 시켰다. 공학자들은 그런 요소를 "내성"(tolerance)이라고 부른다. 만약 날개가 유연하게 만들어지지 않았다면, 갑작스럽게 변하는 공기의 흐름을 견딜 수 없을 것이며, 그럴 경우 바람을 맞아 부러지는 나뭇가지처럼 비행기 날개도 부러질 수밖에 없을 것이다.

유연할 수 있는 능력은 사람에게도 마찬가지로 중요하다. 우리도 적응하는 법과 견디는 법을 배워야 한다.

자기 자신에게 다음과 같이 물어보라. "나는 적응하는 능력이 있는 가? 나는 잘 견디는가? 나는 부러지지 않을 만큼 유연한가?" 인생의 폭 풍우와 함께 뒹구는 법을 배워라. 그러면 우리는 정상에서 만나게 될 것 이다!

행동 계단

- 나는 오늘 나의 기본적인 믿음을 타협하지 않는 범위 내에서 다른 사람들을 수용하고, 새로운 아이디어를 받아들일 수 있도록 유연 해질 것이다.
- 나는 오늘 _____ 할 것이다.

*

관용은 모든 이에게 이롭거나 또는 아무에게도 이롭지 않다.

— 에드먼드 버크

······ 기회를 붙잡기
Handle Opportunity

셰익스피어는 이렇게 말했다. "때가 왔을 때 잡아야 한다. 그렇지 않으면 기회를 영영 잃어버린다." 어떤 사전은 기회를 "적당한" 때라고 정의한다. 또한 기회는 진급 또는 진보의 가능성으로 정의되기도 한다. '가능성'이라는 말을 주목하라. 우리의 삶 속에 절대적으로 보장된 것은 아무것도 없다. 기회도 마찬가지다. 하지만 다른 사람이 보지 못할 때 기회를 봄으로써 행운을 만들 수 있다. 어떻게 기회를 분별할 수 있을까? 몇 가지 조언이 있다.

첫째, 새로운 아이디어, 새로운 제품, 새로운 견해를 주목하라. 새로운 훌라후프나 프리스비(Frisbee) 같은 아이디어를 발견할 가능성은 상존한다.

둘째, 면밀히 검토하기 전에 성급히 판단하지 마라. 새로운 기회를 잘 이용하는 것과 무턱대고 새로운 아이디어를 받아들이는 것은 다른

226

것이다.

셋째, 여러분의 회사나 사무실 안에 있는 기회를 간과하지 마라. 예를 들면, 주위를 돌아보아라. 여러분의 상사를 가장 괴롭히는 문제가 무엇인가? 그 문제를 해결할 수 있겠는가? 여러분의 생각과 아이디어를 분명하고 논리적인 방법으로 정리해서 상사에게 제출하라.

행동 계단

- 나는 오늘 가까운 사람들을 위해 "해결사"가 될 것이다.
- 나는 오늘 _____ 할 것이다.

*

때가 왔을 때 잡아야 한다. 그렇지 않으면 영영 기회를 잃어버린다.

— 윌리엄 셰익스피어

······ 받아들이기
Accept

여러분의 친구나 가족 중에는 여러분을 정말 괴롭히는 안 좋은 습관을 지닌 사람이 있을 것이다. 여러분은 평소에 그것을 꾹꾹 눌러 참다가 어느 날 더 이상 참지 못하고 폭발하고 만다. 그리고 모든 사람이 어색하게 되는 경우가 많다. 그렇지 않은가?

안 좋은 습관 때문에 직장을 구하거나 봉급을 올려 받거나 승진하는 데 불이익을 당하거나 인간관계를 맺는 데 어려움을 겪는 사람들을 돕기 위한 몇 가지 제안이 있다.

먼저, '수용하라.' 여러분 역시 사람이며 완전하지 않다. 우리는 가까운 사람일수록 더욱 비판하게 되는 경향이 있다. 슬프게도, 사랑하는 사람보다 낯선 사람들에게 더욱 관용을 베푸는 것이다.

다음은, 잘못된 습관이 초래하는 결과를 '평가하라.' 정말 거론할 만큼 문제가 심각한가?

정작 당사자는 본인의 습관을 자각하지 못할 가능성이 많다는 것을 염두에 두라. 나의 가까운 친구 중에 습관적으로 "허(huh)?"라는 감탄사를 남발하는 친구가 있었다. 별다른 이야기 없이도 그 친구를 도울 수 있었다. 그는 곧 그 습관을 버렸다.

습관에 대해 이야기할 때, 사람이 아니라 문제 자체에 초점을 맞추어라. 없애야 할 것은 문제점이지 사람이 아니다. 또한 '해결책'을 제시할 수 없다면, 비판하지 마라. 문제 해결을 위해 여러분의 시간을 투자할 의향이 없다면, 문제 자체를 아예 거론하지 마라. 마지막으로, 사랑과 애정으로 문제가 되는 습관에 대해 부드럽게 이야기하라.

우정이란, 결점에도 불구하고 친구를 그대로 받아들이는 것임을 명심하라. 하지만 때때로 친구의 결점을 이야기해 주어야 할 때도 있다. 위와 같은 지침을 잘 따른다면, 조언을 한 후에도 친구를 잃지 않을 것이다.

행동 계단

- 나는 오늘 문제점을 지적하기보다는 해결책을 제시할 것이다.
- 나는 오늘 ＿＿＿＿＿＿＿＿＿＿＿＿＿＿＿＿＿ 할 것이다.

＊

다른 사람의 결점을 지적함으로써 나의 결점을 방지할 수는 없다.

— 라틴 속담

⋯⋯ 성취하기
Achieve

꿈이 이루어진다면, 여러분은 어디에 있게 될 것인가? 여러분의 꿈은 여러분을 어디로 데려갈 것인가? 여러분의 야망과 목표는 무엇인가?

여러분은 어쩌면 시골에서 완전히 길을 잃고 구멍가게에 들러 길을 묻는 세일즈맨 같을지도 모른다. 가게 주인은 주위 사람들에게 눈짓을 하며 짐짓 이렇게 말한다. "선생님이 가려고 하는 곳은 여기에서 가는 길이 없습니다."

혹시 꿈과 목표에 대한 여러분의 현재 심정이 이와 같지는 않은가? 여러분은 혹시 스스로 이렇게 말하고 있지는 않은가? "거기까지는 도저히 갈 수 없을 것 같아." 만약 여러분이 정말 그런 태도라면, 아마도 목표를 달성할 수 없을 것이다. 여러분이 인생의 꿈을 이루는 데 도움이 될 조언 세 가지를 제안하겠다.

첫째, 꿈꾸는 것을 두려워하지 마라. 여러분이 인생에서 원하는 것을 결정하라. 과학연구 결과에 따르면, 여러분이 잠자는 동안 꿈을 꾸는 것은 정서적 안정에 결정적으로 중요하다고 한다. 여러분이 여러분의 잠재력을 십분 발휘하기 원한다면, 깨어 있는 동안 꿈꾸는 것도 마찬가지로 대단히 중요하다.

둘째, 꿈을 이루는 데 장애가 되는 것이 무엇인지를 파악하라. 그리고 그 장애물을 극복할 수 있는 계획을 수립하라. 여러분의 꿈을 가로막는 것이 아무것도 없다면, 그냥 성취하면 된다. 이상하게 들릴지 모르지만, 꿈이 이루어지고 난 뒤, 그 열매를 즐길 것인지 아닌지도 결정해야 한다.

셋째, 실패를 두려워하지 마라. 모든 사람이 실패를 맛본다. 좌절과 실망을 어떻게 극복하느냐가 포기하는 사람과 성취하는 사람의 차이를 만들어 낸다.

꿈꾸는 사람, 그리고 그 꿈을 현실로 만들기 위해 노력하는 사람이 행복한 사람이다. 정상을 향한 등반을 두려워하지 마라. 그러면 우리는 정상에서 만나게 될 것이다!

행동 계단

- 나는 오늘 1년 후의 나의 모습을 그려보며, 그렇게 되기 위해서는 무엇을 해야 할지 분석해 볼 것이다.
- 나는 오늘 _____ 할 것이다.

*

만약 사람들이 걱정하는 것만큼 진심으로 일에 열중한다면, 성공은 그리 멀지 않다.

······ 베풀어라
Give Yourself Away

진심이 담긴 감사의 말을 전하는 데는 몇 초면 충분하다. 시어도어 루스벨트처럼 바쁘게 산 미국인도 없을 것이다. 하지만 그는 바쁜 선거 운동 중에도 언제나 짬을 내서 안전한 여행에 대해 기관사에게 감사의 말을 전했다. 불과 1~2분의 시간을 들여서, 평생 친구를 만든 것이다. 정말 좋은 정치 기술이 아닌가? 그렇다. 또한 좋은 삶의 태도이기도 하다.

데이비드 던은 『베풀어라』*(Try Giving Yourself Away)*라는 책에서 감사의 마음을 전하는 3단계 전략을 소개한다. 어느 날 아침 뉴잉글랜드의 한 기차선로 건널목에서 문득 떠오른 생각이라고 한다.

'멈추어라.' 바쁜 하루의 일상 가운데 잠시 멈추어라.

'찾아라.' 남에게 친절을 베풀 수 있는 기회를 찾아라.

'들어라.' 다른 사람의 희망과 문제점에 귀를 기울이라. 그래서 그들

232

의 성공과 행복에 도움이 되라.

데이비드 던은 우리가 그렇게 하면 다음과 같은 유익을 얻을 것이라고 결론을 맺는다. "우리는 인생의 많은 문제점과 불확실성에도 불구하고 인생을 크게 즐길 수 있을 것이다."

멈추어서 찾고, 들어라. 그러면 우리는 정상에서 만나게 될 것이다!

단상: 뛰어다니면서 장미꽃 향기를 맡을 수는 없다. 장미꽃 향기를 즐기려면 멈춰 서야 한다. 마찬가지로 인생을 즐기려면 멈춰 서라.

행동계단

- 나는 오늘 친절을 베풀 기회를 찾을 것이며, 그런 기회가 올 때 놓치지 않을 것이다.
- 나는 오늘 특히 _____(이름)의 이야기를 귀담아 들을 것이다.
- 나는 오늘 _____ 할 것이다.

*

수많은 사람들이 행복을 맛보지 못한다. 행복을 찾지 못해서가 아니라, 그것을 즐길 만한 여유가 없기 때문이다.

— 윌리엄 페더

······ 목표를 이루기
Make Your Mark

여러분도 나처럼 이 세상에서 목표를 성취하고 싶을 것이다. 그렇게 할 수 있는 좋은 방법 중 하나는 마셜 필드(M. Filed, 미국의 백화점 경영자 - 옮긴이)의 "성공을 위한 10가지 지침"을 잘 따라하는 것이다. 그는 가장 성공한 사업가 중의 한 명이다. 따라서 그의 지침은 상당히 신뢰할 만하다고 할 수 있다.

① 시간의 가치 - 시간을 낭비하지 마라.

② 끈기의 가치 - 결코 포기하지 마라.

③ 열심히 일하는 즐거움 - 게으르지 마라.

④ 단순함의 위엄 - 복잡하게 만들지 마라.

⑤ 인품의 가치 - 부정직하지 마라.

⑥ 친절함의 힘 - 무심해지지 마라.

⑦ 책무의 수행–책임감을 버리지 마라.

⑧ 절약의 지혜–낭비하지 마라.

⑨ 인내의 미덕–조급해하지 마라.

⑩ 기술의 개발–연습을 중단하지 마라.

나는 성공을 위한 위의 지침을 좋아한다. 이 지침은 놀라울 만큼 단순하고 간단하다. 성공은 복잡한 것이 아니다. 여러분의 행동은 여러분의 생각의 지배를 받고, 여러분의 생각은 여러분이 끊임없이 마음속에 주입하는 것에 의해서 통제를 받는다.

행동 계단

- 나는 오늘 적어도 10번 이상 성공을 위한 10단계 과정을 복습할 것이다.
- 나는 앞으로 10일 동안 하루에 1단계씩 집중적으로 실천할 것이다. 오늘은 ___ 번에 집중할 것이다.
- 나는 오늘 _____ 할 것이다.

*

운명적으로 성공하는 사람도 다소 있지만, 대부분은 집요한 노력으로 성공한다.

······ 영향을 미치기
Influence Others

백 번의 말보다 한 번의 행동으로 본을 보여 주는 것이 가장 좋다는 말은 수없이 들어 보았을 것이다. 벤저민 프랭클린도 그 말을 신봉했다. 그는 필라델피아 시에 가로등을 설치하는 것이 좋겠다고 생각했다. 하지만 사람들을 설득하는 대신에 본보기를 보여 주기로 했다. 그래서 필라델피아 시민들에게 가로등이 필요한 이유를 보여 줄 독특한 방법을 생각해냈다. 자기 집 앞에 긴 받침대 끝에 아름다운 등을 달아놓았다. 등잔의 유리도 깨끗하게 닦았고, 심지도 단정하게 손질했다.

곧 프랭클린의 이웃들도 등잔을 집 밖에 달기 시작했고, 머지않아 필라델피아의 시민들은 거리에 가로등을 설치할 준비가 되었던 것이다. 본보기의 위력은 벤저민 프랭클린의 유려한 연설보다도 더 효과적이었던 것이다.

위의 사례를 생각해 볼 때, 다음과 같은 질문이 떠오른다. 여러분은 어떻게 다른 이들에게 영향을 끼치는가? 협박하는가? 여러분의 생각을 강요하는가? 그런 식으로는 성공하기 쉽지 않을뿐더러 성공한다 할지라도 상처와 나쁜 감정이 남기 마련이다.

나는 다음과 같은 에드가 A. 게스트의 말에 동의한다. "나는 설교를 귀로 듣기보다는 눈으로 보고 싶다." 쉽게 말해서 행동으로 보여 주는 것이 말보다 훨씬 더 강력한 법이다.

행동 계단

- 나는 오늘 누군가 나를 보고 배운다는 사실을 명심하고, 좋은 본보기를 보이도록 노력할 것이다.
- 나는 오늘 _____ 할 것이다.

*

인품의 기초는 강의로 닦이는 것이 아니라, 매일 매일의 좋은 본보기로 이루어지는 것이다.

— 레오 B. 블레싱

······ 말하기
Speak

연설을 해야 할 때가 있었는가? 그것 때문에 크게 걱정한 적이 있는 가? 대중 앞에서 연설하는 것이 정말 힘든 사람들이 있다. 여러분의 직업이 무엇이든, 남들 앞에서 이야기해야 할 경우가 있을 수 있다. 송년회 만찬 석상일 수도 있고, 아니면 직원회의 시간이나 학부모회의 시간일 수도 있다.

대중 연설을 잘하는 것은 여러분의 경력에도 도움이 되기 때문에, 대중 연설에 대한 기초적인 지식을 갖추는 것이 중요하다. 연설을 잘하기 위해서 전문적인 연설가가 될 필요는 없다. 조금만 연습하면, 누구나 유용하고 재미있으며 도움이 되는 연설을 할 수 있을 것이다.

먼저 긴장하는 것에 대해서 너무 걱정하지 마라. 늙은 노새는 청중 앞으로 끌려 나와도 무덤덤하기만 하다. 하지만 순종 경주마를 청중 앞으로 끌고 나오면, 마치 흔들의자가 가득한 방에 갇힌 고양이처럼 안절

부절못할 것이다. 그러므로 남들 앞에서 긴장한다는 것은 여러분이 노새가 아니라 경주마라는 뜻이므로 오히려 감사할 일인 것이다.

친절해 보이거나 미소를 띤 청중들과 가능한 한 자주 눈을 마주치라. 내용을 조리 있게 전달하기 위해서 쪽지를 참조하는 것은 좋지만, 대놓고 연설문을 읽지는 마라.

여러분이 평소에 즐겨 사용하는 단어나 표현을 쓰라. 또한, 여러분의 삶이나 전문 분야와 관련된 내용에 대해서 이야기하라. 여러분 본연의 모습을 그대로 보여 주라. 여러분의 평소의 모습과 다른 모습으로 청중을 현혹하려 들지 마라. 여러분 본연의 모습으로 연설을 잘할 수 없다면, 가식적인 모습으로 연설을 잘할 가능성은 전혀 없다.

마지막으로, 열정을 담아라. 연설자가 자신이 말하는 내용을 정말 믿고 열정적으로 전달할 때, 그 연설은 성공적인 연설이 될 수밖에 없다.

행동 계단

- 나는 오늘 여러 사람 앞에서 말할 기회를 붙들 것이다.
- 나는 오늘 _____ 할 것이다.

*

두려움은 인생이라는 기계에 낀 모래와 같다.

— E. 스탠리 존스

······ 우정을 키우기
Develop Friendship

잭 베니와 조지 번스는 55년 이상 우정을 나누었다. 조지 번스는 웃으며 이렇게 이야기한 적이 있다. "그는 내가 노래를 부를 때 자리를 뜬 적이 없었고, 저 역시 그가 바이올린을 연주할 때 자리를 뜬 적이 한 번도 없었지요."

앨런 맥기니스 박사는 요즘 미국인들은 우정이 부족하다고 말한다. 『우정 요인』(Friendship Factor)라는 책을 통해 대부분의 미국인들이 우정을 그다지 중요하게 생각하지 않는다고 지적한다. 하지만 여러분이 시애틀에서 마이애미로 이주하게 된다면, 새 친구를 사귈 수밖에 없을 것이다. 어떻게 새로운 친구를 사귈 것인가?

첫째, 솔직해라. 여러분 자신을 솔직히 드러내라. 여러분의 삶을 어느 정도는 개방할 필요가 있다.

둘째, 용서하는 법을 배우라. 친구도 실수할 수 있다는 사실을 명심

240

하라. 오해를 푸는 것은 괜찮지만, 토라지거나 잘못을 추궁하지는 마라.

셋째, 사려 깊게 행동하라. 사소해 보이지만 의미 있는 우정의 몸짓을 보이라. 내가 카드 한 장을 보내는 것은 별것 아닌 것처럼 보이지만, 친구가 보내온 카드 한 장이 정말 소중할 때가 있다. 우리는 서로가 우정의 소중함을 알고 있다고 믿지만, 가끔은 그것을 표현하는 것이 좋다. 우정 역시 우리 삶의 다른 영역들과 다르지 않다. 여러분의 노력이 필요한 것이다.

단상: 친구에게서 완벽함을 찾지 말고, 이해심을 찾아라. 완벽한 사람은 친구를 필요로 하지 않을지도 모른다!

행동 계단

- 나는 오늘 내가 먼저 친구가 됨으로써 새로운 친구를 사귈 것이다.
- 나는 오늘 ＿＿＿＿＿＿＿＿＿＿＿＿＿＿＿＿ 할 것이다.

*

친구는 여러분이 여러분 자신에게 주는 선물이다.

— 로버트 L. 스티븐슨

How To

······ 승리하기
Win

1983년 5월 28일 파리에서 열렸던 프랑스 오픈 테니스대회에서 있었던 일이다. 마르티나 나브라틸로바와 케이시 호르바트가 결승에서 만났는데, 케이시 호르바트가 우승하리라고 예상한 사람은 아무도 없었다. 마르티나는 세계 랭킹 1위였고 케이시는 45위였다. 케이시의 성적은 뛰어났지만, 완벽한 것은 아니었다. 반면에 마르티나는 그 해에 한 게임도 지지 않았으며, 36연승을 달리고 있었다! 한 해 전인 1982년에는 90승을 거두었으며, 3번의 패배는 크리스 에버트 로이드나 팸 슈라이버와 같은 거물들에게 당한 것이었다. 이런 객관적인 기록 외에도 케이시를 위축시킨 또 다른 요인은 1만 6천 명에 달하는 관중과 케이시의 나이가 불과 열일곱이라는 사실이었다.

케이시는 1세트를 6대 4로 이겼다. 2세트는 분발한 마르티나가 6대 0으로 이겼다. 3세트는 3대 3까지 동점을 이루었고, 마르티나가 서브를

242

넣었다. 그리고 놀랍게도 케이시는 그 세트를 이기면서 결국, 게임에서 이겼다. 어떤 전략으로 승부에 임했느냐는 질문에 그녀는 다음과 같이 대답했다. "저는 이기기 위해 싸웠습니다." 나는 그녀가 이길 수 있었던 까닭은 그녀 스스로 이길 것이라고 믿었기 때문이라고 생각한다.

기대감은 바람직한 태도이다. 연구에 따르면, 고용주의 기대감은 피고용인의 생산성에 직접적인 영향을 미치며, 교사의 기대감은 학생의 학업 성취에 직접적인 영향을 미친다. 무엇보다도, 여러분 자신에 대한 기대감은 여러분의 성취에 직접적인 영향을 미친다. 승리하기 위한 계획을 세우고 승리할 것을 기대하며 승리할 것을 믿어라. 그러면 여러분은 승리자가 될 것이다.

행동 계단

- 나는 오늘 무엇을 하든지 승리하리라고 믿을 것이다.
- 나는 오늘 _____ 할 것이다.

*

인생의 가장 큰 기쁨은 모두 내가 할 수 없을 것이라고 말한 것을 해내는 것이다.

— 월터 배젓

······ 스트레스 극복하기
Deal with Stress

우리는 모두 매일 스트레스와 긴장 속에 살아가고 있다. 전문가에 따르면 약간의 스트레스는 오히려 도움이 된다고 한다. 하지만 지나친 스트레스와 긴장감은 수면 부족을 유발하며 신경을 날카롭게 하고 혈압을 상승시킨다고 한다. 다음은 스트레스를 줄이고 긴장을 풀어 주는 두 가지 방법이다.

첫째, 스트레스의 원인이 무엇인지를 파악하라. 가족이나 동료와의 오해가 주된 문제인가? 만약 그렇다면 대화로 문제를 해결하라. 자존심을 버리고 용기를 내서 솔직하게 문제에 대해 이야기하라. 의외로 생각보다 문제가 심각하지 않을 가능성이 많다. 어쩌면 간단한 말 몇 마디로 문제가 해결될 수도 있다. 문제의 소지가 될 수 있는 것은 미연에 싹을 제거하는 것이 좋다. 여러분 생각 속에서 문제를 계속 키우다 보면 쓸데없는 스트레스만 유발하게 된다. 성경은 다음과 같이 말한다. "해가 저

물도록 분을 품지 마라." 정말 좋은 말씀이 아닐 수 없다.

둘째, 긴장을 풀어 줄 수 있는 것을 계발하라. 매일 잠깐이라도 시간을 내서 바쁜 일상 가운데 여유를 찾아라. 조용한 독서나 기도, 또는 휴식을 취하는 것도 좋을 것이다. 조깅, 수영, 빨리 걷기, 자전거 타기 등의 운동은 적은 시간으로도 큰 효과를 볼 수 있다. 만족스럽고도 놀라운 결과를 경험할 수 있을 것이다.

목표를 이루기 위해 도전하다 보면 긴장은 자연스럽게 따라오기 마련이다. 위와 같은 방법으로 긴장감에 잘 대처하기 바란다.

행동 계단

- 나는 오늘 스트레스를 주는 상황을 더 이상 방치하지 않고 즉각적으로 대응할 것이다.
- 나는 오늘 나만의 시간을 가질 것이다. 독서, 기도, 명상, 운동 등 긴장을 풀어 줄 만한 일을 할 것이다.
- 나는 오늘 _____ 할 것이다.

*

분 단위의 시간에 신경을 쓰라. 그러면 시 단위의 시간은 저절로 해결될 것이다.

— 체스터 경

⋯⋯ 승진하기
Get a Promotion

여러분의 회사에서 어떤 사람이 승진하는지에 대해서 궁금해한 적이 있는가? 고용주는 관리직에 적합한 특성을 지닌 사람들을 늘 눈여겨본다. 다른 사람을 관리하는 것은 쉬운 일이 아니기 때문에 그 일을 감당할 수 있는 사람이 누구인지 늘 관심을 기울이는 것이다. 여러분에게 승진의 기회를 가져다줄 이러한 특성들이 무엇인지 살펴보기로 하자.

첫째는 통솔력이다. 여러분은 이 특성을 계발해야 한다. 다른 사람들에게 더 열심히 일할 수 있도록 요구할 수 있는 기술이 반드시 필요하다. 다음으로 객관성이 중요하다. 여러분의 자존심과 감정을 접어두고 토론하며 의사결정을 내려야 한다. 쉽지 않지만 가능한 목표다. 또한 자기 절제 역시 필요하다. 여러 가지 복잡한 상황을 잘 정리하며 핵심 문제에 집중할 수 있는 특성도 회사에서 꼭 필요한 특성이다.

여러분이 계발해야 할 가장 중요한 태도는 누가 좋은 아이디어를 냈는가를 따지지 않는 것이다. 관리자로서 여러분이 해야 할 일은 아이디어를 낸 사람의 공을 인정하고, 그 아이디어가 효과적으로 시행될 수 있도록 하는 것이다.

성공적인 관리자의 또 다른 특성은 여러분보다 더 재능과 능력이 뛰어난 부하들을 곁에 둘 수 있는 능력이다. 다른 사람의 재능을 발견하고 발전시키는 것이 결국 가장 큰 보상을 가져다줄 것이다. 여기에 부하 직원에 대한 애정과 진정한 관심을 더하라. 그러면 여러분의 승진은 떼어놓은 당상이다.

행동 계단

- 나는 오늘 이러한 성공의 특성을 조그만 카드에 적어서 늘 가지고 다니며 복습할 것이다.
- 나는 오늘 _____ 할 것이다.

*

다른 사람은 의심할지라도, 너 자신은 의심하지 마라.

— 크리스티안 보비

······ 더 배우기
Learn More

성공의 기회를 증진할 수 있는 확실한 방법의 하나는 특정한 분야에 대해 전문적인 지식과 기술을 갖추는 것이다.

나날이 발전하는 전자 매체를 통해 매일 새로운 지식을 획득하는 것이 가능한 세상이다. 이는 또한 어떤 사업 분야에서도 한 사람이 방대한 지식을 다 갖추기는 거의 불가능하다는 것을 뜻한다. 그러므로 여러분이 상사를 보좌할 수 있는 한 가지 길은 어느 특정한 중요 분야에 대해 전문가가 되는 것이다. 예를 들어 여러분이 부동산 사업에 종사하고 있다고 치자. 급변하는 금융 환경 하나만으로도 한 사람이 모든 분야를 다 감당하기는 벅차다.

여러분이 중요하게 생각하고 관심 있는 분야 하나를 골라 모든 각도에서 그 분야에 대해 연구하라. 부동산 잡지와 관련 서적을 읽고 그 분야의 전문가들과 이야기를 나누며 그 분야에 관한 지식을 축적하라. 상사에게 그러한 사실을 주지하고, 적절하게 필요한 정보를 제공하라. 이를 통해 상사의 위신도 세우며 일의 효율성도 높이게 될 것이다.

어떤 분야에 대한 전문가로서 여러분이 일을 하며 상사를 보좌하게 될 때, 여러분의 상사는 훨씬 효과적으로 수월하게 업무를 수행할 수 있을 것이다. 여러분이 다른 사람이 원하는 것을 충분히 들어 줄 때, 여러분이 원하는 것도 얻게 된다는 사실을 명심하라.

행동 계단

- 나는 오늘 내가 전문 지식을 갖추어야 할 분야가 무엇인지를 파악할 것이며, 그 분야에 관한 지식을 갖추어 나갈 것이다.
- 나는 오늘 _____ 할 것이다.

*

정말 중요한 것은 여러분이 지식을 통해 배우는 것이다.

······ 상상하기
Imagine

여러분은 의자에 앉은 채로 몇 시간 동안 골프나 테니스를 연습할 수 있다는 사실이 놀라운가?

수년간 러시아 선수들은 올림픽 게임에서 어느 나라보다 많은 금메달을 획득했다. 미국의 코치들은 그들의 강력한 훈련 방법에 대해서는 알고 있었지만, 최근까지도 그들의 심리 훈련법에 대해서는 잘 알지 못했다.

최근 스탠퍼드대학에서 첨단 컴퓨터와 스탠퍼드 테니스팀의 도움으로 신경근육계에 대한 과학적인 연구가 진행되었다. 연구자들은 선수들이 의자에 앉은 채로 마음속의 상상력을 통해 팔과 몸을 움직여 훈련하는 방법을 발견하였다.

나는 오랜 기간 긍정적인 사고의 힘을 주창해왔으며, 여러분이 마음속으로 자신의 모습을 그리는 대로 실제로 그렇게 된다는 사실에 대한 확실한 증거를 가지고 있다. 이것은 올림픽 선수나 평범한 사람들에게 모두 해당하는 사실이다. 여러분은 여러분의 생각을 조절해서 여러분이 마치 승자인 것처럼 생각할 수 있다. 마음속 스크린에 여러분이 승자로서 우뚝 서 있는 모습을 투사해 보라. 이것이 바로 승자가 되기 위한 최우선적인 첫걸음이다.

행동 계단

- 나는 오늘 내가 바라는 승리가 육체적, 심리적, 영적으로 정확하게 어떤 것인지를 그려볼 것이다. 그리고 그런 마음속 이미지에 집중할 것이다.
- 나는 오늘 _____ 할 것이다.

*

사람은 몸, 마음, 그리고 상상력으로 이루어져 있다. 몸은 불완전하고 마음은 믿을 수 없지만, 상상력이야말로 이 지구상에서 모든 아름다운 에너지를 마음껏 활용하는 것이다.

— 존 메이스필드

…… 두려움을 극복하기
Overcome Fear

　성공과 실패는 우리 모두에게 늘 일어날 수 있는 일이다. 사람들이 성공하지 못하는 이유 중의 하나는 실패에 대한 두려움 때문이다.

　많은 사람들이 실패에 대한 두려움 때문에 성공하기 위한 노력을 경주하지 않으며, 따라서 결코 성공하지 못한다. 실패에 대한 두려움은 정말 심각한 문제가 될 수 있다. 여기에 실패에 대한 두려움을 극복할 수 있는 몇 가지 조언이 있다. 이 조언을 따르면 여러분은 두려움에서 벗어나 성공을 위한 노력을 경주할 수 있을 것이다.

　첫째, 때로는 억지로라도 주어진 과제를 해내야 할 때가 있다. 이를 악물고라도 시도하라. 예를 들면, 여러분은 많은 사람 앞에서 연설하는 것이 죽기보다 싫을 수도 있다. 무릎을 덜덜 떨면서라도 그 일을 해낸다면 큰 보람을 느낄 수 있을 것이다. (대부분 사람들은 여러분이 떠는 것을 알아채지 못할 것이다.)

둘째, 모든 상황이 완벽해질 때까지 기다리지 마라. 일단 시작하라. 완벽한 상황을 마냥 기다리지 마라. 만약 여러분이 마틸다 아주머니가 이사를 가고 찰리가 주간 일을 얻고 새 주지사가 선출되고 새 모델이 완성될 때까지 기다리면서 여러분의 인생을 허비한다면, 여러분은 결코 여러분의 잠재력을 충분히 발휘할 수 없을 것이다.

실패에 대한 두려움을 극복하고 작은 일부터 시작하라. 일단 첫걸음을 내딛는 게 중요하다. "천 리 길도 한 걸음부터!"

행동 계단

- 나는 오늘 두려움을 극복하고, 내가 두려워하는 일을 찾아 시도할 것이다.
- 나는 오늘 _____ 할 것이다.

＊

습관이란 처음에는 거미줄과 같지만, 나중에는 굵은 밧줄이 된다.

······ 설득하기
Win a Man to Your Cause

"어떤 사람을 설득하고 싶다면, 먼저 그 사람에게 네가 친구임을 주지시키라." 우리 시대의 가장 위대한 설득의 귀재였던 에이브러햄 링컨이 한 말이다.

그렇다. 에이브러햄 링컨은 미국의 위대한 지도자였으며, 거기에는 여러 이유가 있다. 그의 가장 중요한 재능 중 하나는 자기의 주장을 조리 있게 제시하는 것이었다. 또는 자신의 관점을 다른 사람들에게 납득시키는 능력이라고 할 수 있을 것이다. 변호사로서뿐 아니라, 대통령으로서도 설득은 링컨에게 매우 중요한 일이었다.

우리는 모두 설득의 기술을 배워야 한다. 이는 매일 유용하게 쓰이는 기술이다. 아이들에게 방을 치우게 하는 간단한 일에서부터(솔직히 그렇게 간단하지는 않다), 여러분의 일생에서 가장 큰 계약을 따내는 일까지 두루 유용하게 쓰인다. 어떻게 설득을 잘할 수 있을까?

254

에이브러햄 링컨의 조언에 귀를 기울이라. "어떤 사람을 설득하고 싶다면, 먼저 그 사람에게 네가 친구임을 주지시키라." 가장 좋은 방법은 진실한 친구가 되는 것이다. 현실적으로, 친구에게 좋지 않은 물건을 팔거나 좋지 않은 일을 시키지는 않을 것이다. 상대방을 위한 솔직하고도 진실된 관심이야말로 설득을 위한 최선의 방책이다.

행동 계단

- 나는 오늘 만나는 사람들에게 진솔하고도 진실된 관심을 보여 줄 것이다.
- 나는 오늘 _____ 할 것이다.

*

친구를 만드는 방법: 하나가 되라.

— 엘버트 허버드

⋯⋯ 지혜롭게 쓰기
Spend Wisely

모든 사람에게 적어도 현시점에서는 똑같이 주어진 자산이 있다.

의기소침해 있는 분들에게 기운을 북돋아 줄 제안을 하나 하고 싶다. 마음껏 쓰라. 돈 얘기가 아니다. 매일 모든 사람에게 똑같이 주어지는 것을 쓰라는 얘기다. 물론 시간에 관한 얘기다.

여러 방법으로 시간을 사용할 수 있겠지만, 내가 특별히 추천하고 싶은 것은 다른 사람과 함께 있을 기회가 없는 그런 사람들과 시간을 보내라는 것이다. 몸이 불편하거나 양로원에 홀로 계시는 분, 또는 연로한 친척들 같은 분 말이다. 여러분에게도 의미 있는 경험이 될 것이며, 그분들에게도 삶의 활력소가 될 것이다. 그뿐만 아니라 여러분의 가족과 함께 보내는 시간은 언제나 최상의 투자이며, 나중에 커다란 행복으로 돌려받게 될 것이다.

우리는 모두 매일 1,440분이라는 아름다운 순간을 부여받는다. 그것을 지혜롭게 쓰는가 아니면 헛되이 허비하는가는 우리에게 달려 있다. 시간은 쌓아두거나 저축해 둘 수 없다. 그것은 써야만 한다. 시간을 아껴서 지혜롭게 사용하라. 그러면 보람 있고 흥미진진한 삶을 살게 될 것이다!

행동 계단

- 나는 오늘 내가 어떻게 1,440분의 아름다운 순간을 사용하고 있는지 살펴볼 것이며, 지혜롭게 사용할 것이다.
- 나는 오늘 _____ 할 것이다.

*

세상 위에 우뚝 서는 것보다 더 숭고한 것이 있다. 그것은 몸을 굽혀서 다른 사람을 좀 더 높여 주는 것이다.

— 헨리 반 다이크

⋯⋯ 앞으로 나아가기
Move Ahead

육체적으로 배가 고프면, 누구나 음식을 먹음으로써 그 문제를 해결한다. 그러나 놀랍게도 많은 사람이 정서적, 영적, 그리고 지적 배고픔에 대해서는 어찌할 줄 모른다.

정서적, 영적, 지적 배고픔에 대처하는 것은 그리 간단하지도 쉽지도 않지만, 육체적인 배고픔을 해결하는 것만큼 분명한 해결책이 있기는 하다. 어떤 영역에서든지 낙심될 때는 다시 힘을 북돋아 줄 정보와 영감을 채워 줄 말이 어딘가에 있다는 사실을 명심하라. 여러분의 태도에 문제가 생겨서 "부정적인 생각"으로 고통을 당하고 있다면, 또는 영적 정서적으로 지쳐 있다면, 다음과 같은 조언을 따르라.

여러분의 생각과 감정을 영양가 있는 음식으로 채우라. 의도적으로, 영감을 불러일으키는 사람들을 찾고 좋은 책이나 자서전, 전기 등을 읽어라. 또한 좋은 음악이나 녹음을 들을 수도 있다. 이를 통해 여러분의 태도와 감정을 바꿀 수 있으며, 생산성과 효율성을 제고할 수 있을 것이다. 메시지는 분명하다. 투입을 바꾸면 산출을 바꿀 수 있다.

행동 계단

- 나는 오늘 적어도 하나 이상 영혼을 일깨우는 글을 읽거나 강연 녹음을 들을 것이다. 그리고 그 메시지를 친구와 나눌 것이다.
- 나는 오늘 _____ 할 것이다.

*

남의 이야기를 귀 기울여 듣는 사람이 언제나 인기가 있는 것은 아니지만, 결국 그런 사람이 무언가를 배우게 된다.

— 윌슨 미즈너

······ 하루를 시작하기
Start Your Day

여러분은 넘버원이 될 수 있다.

나는 개인적으로 모든 사람이 넘버원이 될 수 있다고 확신한다. 모든 사람이 가장 크고 빠르며 강하고 똑똑할 수 있다고는 믿지 않지만, 넘버원은 될 수 있다고 믿는다. 이렇게 하면 된다.

매일 아침 하루를 시작하기 전에 거울을 보고 다음과 같이 말하라. "나는 오늘 무엇을 하든지 나의 최선을 다할 것이다." 그리고 꼭 그 말대로 실천하라. 하루를 정리하면서 거울 속 자신의 눈을 똑바로 쳐다보고 이렇게 말하라. "오늘 나는 최선을 다했다." 만약 이대로 실천한다면 여러분은 이 세상에서 가장 중요한 사람, 즉 여러분 자신에게 스스로 넘버원이 되는 것이다.

여러분이 자신의 능력을 최대한 사용할 때, 여러분은 자신의 능력이 원하는 것을 이루기에 충분할 뿐 아니라 그 이상이라는 것을 깨닫게 될 것이다. 또한 여러분에게 주어진 것을 사용하면 할수록, 더 많은 것이 주어진다는 것을 깨닫게 될 것이다.

행동 계단

- 나는 오늘 하루를 열면서 거울 속의 내 눈을 직시하며 다음과 같이 외칠 것이다. "나는 오늘 무엇을 하든지 나의 전부를 다 바칠 것이다."
- 나는 오늘 _____ 할 것이다.

＊

"나는 못해"라는 말은 아무것도 이루지 못한다. "해 볼게요"라는 말은 놀라운 일을 이루어 낸다.

― 조지 P. 번햄

······ 외모 가꾸기
Appear Appealing

내 친구 댄 벨러스에 따르면, 부분적인 진실을 담은 말의 문제점은 사람들이 진실이 아닌 부분에 집중하는 경우가 많다는 점이다.

여러분은 아마 이런 말을 들어본 적이 있을 것이다. "표지로 책을 평가하지 마라." 물론 이 말에는 진실이 담겨 있다. 하지만 "외모를 가꾸어라, 모든 사람이 그렇게 한다"라는 말은 앞서 말한 말의 내용을 부분적으로 반박하고 있다.

매일의 일상 속에서 고용주나 잠재적인 고용주, 그리고 은행원, 교사, 이성에 이르기까지 사회의 거의 모든 구성원이 부분적이나마 외모로 사람을 판단한다. 다음과 같은 옛말도 비슷한 의미를 담고 있다. "좋은 첫인상을 줄 수 있는 기회는 단 한 번뿐이다."

메시지는 간단하다. 만약 여러분이 승진을 원하거나 더욱 행복하고 성공적인 삶을 영위하고 싶다면, 몇 년 전에 유행했던 면도날 광고의 문구를 명심하라. "멋지게 보이라, 멋지게 느끼라, 멋진 사람이 되라(Look sharp, feel sharp, be sharp!)." 그 충고를 잘 따른다면, 우리는 정상에서 만나게 될 것이다.

행동 계단

- 나는 오늘 나의 외모와 옷차림에 특별히 신경을 쓸 것이다.
- 나는 오늘 _____ 할 것이다.

✱

여러분의 외모를 빛내주는 가장 중요한 것은 얼굴 표정이다.

— 재닛 레인

······ 성공을 그려보기
Visualize Success

대부분 사람들은 자신감이야말로 성공한 사람들의 가장 중요한 특성이라는 사실을 인지하고 있다. 문제는 자신감의 발로가 무엇인가 하는 점이다. 왜 어떤 이들은 자신감이 충만하며, 반면 어떤 이들은 자신감 부족으로 위축되는가?

사실 자신감과 성공은 서로 순환 관계에 있다. 자신감은 성공에서 비롯되며, 이렇게 얻은 자신감은 더 큰 성공을 가져오고, 또한 더 큰 성공은 더 큰 자신감을 불러오는 것이다. 성공의 순환 관계에 대한 이러한 설명은 마치 닭이 먼저인가 아니면 달걀이 먼저인가 하는 질문을 연상케 한다. 어떻게 이런 순환 관계를 뚫고 들어갈 수 있을 것인가?

그 대답은 간단하다. 자신감 있는 삶을 영위하고 싶다면, 이미 성취한 작은 성공들을 기억하고 그 성공에 뒤따른 감정과 이미지를 더욱 키워야 한다. 누구에게나 있는 패배와 실패는 잊어버려라. 실패로부터 교

훈을 얻는 것은 좋다. 하지만 교훈을 얻고 난 후에는 패배 따위는 잊어
버리고, 성공에 대해서 생각하고 되새기며 명상하라. 그러한 성공의 기
억을 계속 마음속에 주입하라. 그러면 여러분의 자신감이 자라날 것이
며, 여러분은 더욱 큰 성공을 경험하게 될 것이다.

과거의 성공을 그려보면서 미래의 성공 또한 기대하고 그려보라. 여
러분의 생각 속에 긍정적인 기대의 씨앗을 뿌리는 것은 장래에 긍정적
인 결과를 추수하는 최선의 방책이다.

행동 계단

- 나는 오늘 지난 12개월 동안 내가 성취한 10대 "승리 목록"을 만
  들 것이다.
- 나는 오늘 _____ 할 것이다.

*

승리를 기대하라, 그리고 승리하라.

— 프레스턴 브래들리 박사

······듣기
Listen

누구나 말하기는 좋아하지만, 대화의 가장 중요한 요소를 놓치는 경우가 많다. 누구나 말을 잘하기 위해서 노력한 적이 있을 것이다. 상사에게 보고하기 전에 미리 말할 것을 점검해본다든가, 결혼 상대에게 멋지게 프러포즈를 하기 위해 연습을 하기도 한다.

말하는 것이 중요하다는 것은 누구나 인정하지만, 똑같이 중요한 또 다른 요소 즉, 듣는 것의 중요성을 간과하는 경우가 많다. 다른 사람이 이야기하는 동안 그 사람의 말을 경청하는 대신 내가 할 말을 생각하기도 한다.

일상적인 대화나 사업상 협상을 할 때, 모든 개인적인 생각이나 편견을 비우라. 객관적인 입장에서 대화를 바라보고 다른 사람의 관점에서 경청하라. 오늘 상대방에게 어떤 일이 있었는지, 또는 지금 상대방의 감정 상태가 어떤지 등에 관심을 기울이라. 눈과 귀를 모두 활용해서 경청하라. 그렇게 할 때 상대방이 하는 말이 진정으로 무엇을 뜻하는지 보다 잘 이해하게 될 것이다.

잘 듣는 것은 연습, 공감, 타인에 대한 진정한 관심 등이 필요한 기술이다. 그 대가는 생각보다 크다. 잘 듣는 사람은 많이 배울 수 있으며, 많은 친구를 사귈 수 있다.

행동 계단

- 나는 오늘 사랑하는 사람의 말을 마음과 귀를 열고 경청할 것이다.
- 나는 오늘 _____ 할 것이다.

*

말하는 것은 지식의 소관이며, 듣는 것은 지혜의 특권이다.

— 올리버 W. 홈즈

······ 소소한 행복 만들기
Create Instant Happiness

만약 당장 행복하게 해 주겠다고 약속하는 사람이 있다면, 여러분은 아마도 "이 사람 또 약 팔러 왔구나"라고 생각할 것이다. 내가 이야기하려고 하는 행복의 증진은 그런 것이 아니다.

나의 좋은 친구이자 명연설가로 유명한 허브 트루(Herb True) 박사는 유머가 넘치는 사람이다. 그는 소소한 행복을 누리고 싶다면 다음과 같이 해 보라고 말한다. 먼저 여러분이 소유하고 있는 모든 것을 잃어버리는 상상을 해 보는 것이다. 그다음에 사랑하는 가족과 친구로부터 여러분이 격리되는 것을 그려본다. 그런 그림을 잠시 그려본 후에, 그 모든 것을 다시 되찾는 모습을 그려보자.

생각보다 훨씬 기분이 나아지지 않는가? 이 글을 읽고 있는 지금 이 순간에도 주위를 둘러보라. 여러분이 사무실에 있든지, 아니면 비행기 안이나 자동차 또는 집에 있든지 상관없다. 여러분 주위에 있는 그 모든 것들은 지구상의 수많은 사람들이 꿈도 꾸지 못하는 그런 것들이다.

사실 여러분은 감사하고 행복해야 할 이유가 충분하다. 그렇지 않은가?

행동 계단

- 나는 오늘 특별히 감사해야 할 것들에 대한 목록을 만들 것이다.
- 나는 오늘 _____ 할 것이다.

*

행복은 여러분의 직업이나 소유에 달린 것이 아니라, 여러분의 생각에 달린 것임을 명심하라.

— 데일 카네기

Love

Attitude 태도

Choosing 선택

Courage 용기

Goals 목표

How To 방법

Love

사랑

사랑이 있는 곳에 하나님이 계신다.

Perseverance 인내

······ 선
Goodness

딘 크로웰은 USC대학에서 39년간 코치 생활을 했다. 그 기간 21회나 전국대회에서 우승을 했고 13개의 세계 신기록을 세웠으며 수십 명의 올림픽 금메달리스트를 키워냈다. 어떻게 그럴 수 있었을까? 딘 크로웰은 격려하는 사람이었다. 그는 개인의 장점에 주목하며, "좋은 점을 찾아내는 사람"이었다.

어느 해 태평양지구 육상 대회에서 크로웰의 팀은 1마일 릴레이 결승전을 앞두고 있었다. 크로웰의 선수들은 앞서 치러진 개인전 때문에 모두 지친 상태였다. 또한 한 선수만이 1/4마일 전문 선수였다. 그는 운동장 한 가운데 선수들을 모아놓고, 각 선수마다 좋은 점, 긍정적이고 진실 된 점을 말해 주기 시작했다. 첫 선수에게는 강한 체력과 추월 능력을 칭찬했다. 두 번째 선수는 허들 선수였는데, 허들이 없으면 더 잘 뛸 수 있을 거라도 말했다. 세 번째 선수는 1/2마일 선수였는데, 1/4마일은 더 잘 뛸 수 있을 거라고 격려했다. 네 번째 선수에게는 다음과 같이 말했다. "너는 최고의 선수다. 나가서 네 진면목을 보여줘." 그 팀은 결국 우승을 일구어냈다.

격려는 비판보다 강력하다. 딘 크로웰의 성공이 주는 메시지는 분명하다. "좋은 점을 찾는 사람"이 되라. 그러면 여러분은 곧 많은 승리자를 얻게 될 것이다.

행동 계단

- 나는 오늘 다른 사람의 좋은 점을 찾을 것이며, 그것을 진지하게 말해 줄 것이다.
- 나는 오늘 _____ 할 것이다.

*

사람들에게서 단점이 아니라 장점을, 그리고 나쁜 점이 아니라 좋은 점을 찾아라. 대개는 찾는 것을 얻게 된다.

— J. 윌버 채프먼

······ 우정
Friendship

미주리 주 서배너의 로웰 데이비스는 83세이다. 만약 여러분이 그를 만난 적이 있다면, 그는 여러분을 기억할 것이다. 왜냐하면, 그는 여러분의 이름을 적어놓았기 때문이다. 몇 년 전에 로웰은 자신이 평생 몇 명의 사람을 만났는지 궁금했다. 노란 공책을 사서 커다란 물음표를 표지에 그리고는 이렇게 썼다. "여러분은 평생 몇 명의 사람을 만나는가?"

데이비스는 씨는 세 살 이후로 그가 만난 모든 사람의 이름을 기록해왔다. 어떤 경우에는 이름 곁에 설명을 곁들이기도 했다. 예를 들면, "레너드 맥나이트–치킨 그레이비를 좋아함"과 같은 식이다. 로웰 데이비스는 평생 3천4백87명의 사람을 만났으며, 이는 공책 69페이지를 채우는 분량이다.

나의 계산이 정확하다면, 세 살 이후 데이비스 씨의 일생은 2만 9천

200일이 된다. 그는 평균 8.37일에 한 명씩 새로운 사람을 만난 셈이다. 한번 생각해 보라. 만약 데이비스 씨가 다른 사람이 원하는 것을 얻을 수 있도록 도와주면, 자기도 원하는 것을 얻을 수 있다는 사실을 믿었더라면, 그는 평생 3천4백87명의 사람들이 목표를 이루도록 도울 수 있었을 것이다. 만약 데이비스가 매일 누군가를 위해 좋은 말을 해 주거나 좋은 일을 하려고 했다면, 그는 2만9천여 번의 선행을 할 수 있었을 것이다! 나는 그가 만나는 사람마다 무언가 좋은 일을 해 주지는 않았으리라 생각한다. 하지만 나는 최소한 그가 우리 대부분보다 더 많은 친구를 사귀었으리라고 믿는다. 왜냐하면, 그는 다른 사람들에게 진정한 관심을 보였기 때문이다.

현재 여러분의 나이가 어떠하든, 여러분은 다른 이들과 더불어 살아가고 있다. 아무리 바쁘다 할지라도 매일 누군가를 위해 적어도 한 가지 좋은 말이나 좋은 일을 하기 바란다.

행동 계단

- 나는 오늘 _____ 를 위해 좋은 말 또는 좋은 일을 해 줄 것이다.
- 나는 오늘 _____ 할 것이다.

*

우정의 빛을 비추어라, 그러면 10배로 되돌아올 것이다.

— 헨리 P. 데이비슨

······나누기
Sharing

이 세상의 그 어떤 감정보다 가장 많이 노래되고 시가 쓰이며 사람의 마음을 아프게 하는 감정이 하나 있다. 바로 사랑이다. 나는 사람들이 사랑을 너무 신비한 것으로 만들어 버렸다고 생각하는 사람 중 한 명이다. 사랑은 배워야 하는 것이다. 물론 사랑하는 법은 자전거 타는 법을 배우는 것처럼 쉽지 않지만, 그래도 배워야 한다. 사랑에 실패하는 이유 중 하나가 바로 그것이다. 사랑하는 법을 결코 배우지 못하는 사람이 있다.

이렇게 한번 해 보라. 사랑하는 사람들과 아주 특별한 날에만 즐거운 시간을 갖지 말고, 매일 즐거운 시간을 갖도록 하라. 사랑하는 사람들과 함께 시간을 보낸다는 것 자체가 즐겁다는 것을 보여 주라.

함께 즐길 수 있는 활동을 찾아보라. 예를 들면 산책을 한다든가, 운동을 한다든가, 정원을 가꾼다든가, 배를 탄다든가, 아니면 세차라도 같이하라. 중요한 것은 여러분이 사랑하는 사람과 함께 매일 즐거운 시간을 보내는 것이다.

여러분이 사랑하는 사람이 무엇을 좋아하는지에 대해서 연구하는 것 또한 매우 중요하다. 두 사람이 함께 있는 것만으로 완전한 만족을 누릴 때, 비로소 진정한 사랑이 완성되는 것이다. 그래서 시간을 가지고 사람을 사귀는 것이 바람직하다. 만약 두 사람이 아무것도 하지 않고도 함께 있는 것만으로 행복하고 만족한다면, 그들은 행복한 부부가 될 가능성이 많다.

사랑은 배울 수 있으며 점점 더 나아질 수 있다. 연인 관계에서도 긍정적인 태도를 보임으로써 소원해진 관계를 다시 뜨겁게 할 수 있으며, 그렇게 함으로써 더욱 즐거운 삶을 살 수 있을 것이다.

행동 계단

- 나는 오늘 가장 가까운 사람을 더욱 사랑하는 법을 배울 것이다.
- 나는 오늘 _____ 할 것이다.

*

오늘 누군가와 함께 보낸 시간은 내일을 위한 아름다운 추억이다.

······ 사랑의 빚
IOUs

야간 경비이자 가정교사이며 동시에 건축가와 간호사인 사람을 고용
하려면 돈이 얼마나 들지 상상해 보았는가? 여러분을 위해 이런 모든
일을 해 주는 사람이 있다. 그분은 바로 여러분의 어머니다. 마저리 쿠
니(Marjorie Cooney)의 어머니를 위한 찬사를 나누고 싶다.

"어머니, 오래 생각해 왔는데요. 저는 사랑의 빚을 지고 있는 것 같아
요. 이제 그 빚을 갚아야 할 때가 되었어요. 어머니는 많은 밤을 저를 지
켜 주셨어요. 저 때문에 잠도 잘 못 주무시고 밤새워 간호도 해 주시고
저를 위해 기도해 주셨어요.

또한, 어머니는 훌륭한 건축가셨어요. 그 사실을 알고 계셨나요? 어
머니는 우리의 희망과 꿈과 자신감을 키워 주셨어요. 사랑과 성실함으
로 우리 가족을 단단히 하나로 붙들어 주셨어요. 우리에게 책임감과 신
뢰감, 그리고 다른 사람과 더불어 사는 데 필요한 모든 능력을 키워 주

섰어요. 저를 가르쳐 주신 것에 대한 빚은 도저히 갚을 길이 없네요. 제가 인생에서 배운 것 대부분은 어머니가 가르쳐 주신 거예요.

어머니의 대한 사랑의 빚은 너무나 커서 갚을 수가 없습니다. 하지만 어머니는 그 모든 빚을 빚으로 생각하지 않으시지요. '어머니, 사랑합니다.'"

행동 계단

- 나는 오늘 조금이라도 사랑의 빚을 갚을 것이다.
- 나는 오늘 ＿＿＿＿＿＿＿＿＿＿＿＿＿＿ 할 것이다.

＊

만약 여러분이 친절을 베푸는 기쁨을 누리지 못한다면, 여러분은 많은 사람을 도외시한 것이며 누구보다도 여러분 자신을 도외시한 것이다.

— A. 닐슨

······ 가난
Poverty

돈과는 전혀 상관없는 가난에 대해서 이야기해 보려고 한다. 보통 가난에 대해서 이야기할 때, 우리는 최소한의 삶을 유지하기 위한 필수품을 살 돈이 없는 사람들을 떠올리곤 한다. 하지만 우리가 피해야 할 또 다른 종류의 가난이 있다는 것을 알아야 한다. 그것은 관계의 가난이다.

다른 사람과 잘 지내지 못하는 사람, 매일 기쁘게 지낼 가까운 친구나 가족이 없는 사람은 사회적인 면에서 가난한 사람이다. 친구, 동료와 같은 사람들에게 느낄 수 있는 가장 친밀한 감정, 기쁨, 슬픔들을 모른 채로 인생을 살아간다는 것은 얼마나 비극적인 일인가.

우리는 돈이 부족한 가난에 대해서는 잘 알고 있다. 하지만 보다 미묘한 가난에 대해서는 어떤가? 어떤 이는 자신을 과소평가한다. 어떤 이는 자녀들과 함께 보낼 시간을 갖지 못한다. 또 어떤 이는 돈을 들이지 않고도 웃고 즐길 수 있는 기회를 사장시켜 버린다.

먼저 여러분 자신의 가치를 깨닫고, 다음으로 다른 이들의 가치를 깨달아라. 그리고 그 가치들이 결합해서 성장하는 것을 지켜보고, 그것이 주는 기쁨을 느껴보라. '관계의 가난'을 퇴치할 수 있는 "인간관계 신탁기금"을 조성하라.

행동 계단

- 나는 오늘 다른 사람의 말을 주의 깊게 듣고 다른 사람을 칭찬하며 신실하게 믿음으로써 "인간관계 신탁기금"에 큰돈을 예치할 것이다.
- 나는 오늘 _____ 할 것이다.

*

만약 사랑받고 싶다면, 먼저 사랑해야 한다!

·····겸손
Humility

　누구나 틀릴 때가 있다. 그럴 때는 정말 괴롭기 짝이 없다. 그런가 하면 내가 옳은 경우에도 괴로울 때가 있다. 그래서 군목인 피터 마셜은 다음과 같이 기도했다. "주님, 우리가 틀릴 때는 고칠 수 있게 해 주시고, 우리가 옳을 때는 남과 더불어 살 수 있게 해 주십시오." 정말 가슴을 울리는 기도가 아닌가? 우리가 옳을 때 잘난 체하지 않는다는 것은 정말 어려운 일이다.

　부모는 자녀에게 패배를 잘 받아들이는 법을 가르친다. 왜냐하면, 살면서 늘 이길 수만은 없다는 것을 잘 알기 때문이다. 하지만 또 다른 중요한 교훈이 있다는 사실을 간과하는 경우가 많다. 그것은 승리를 어떻게 받아들이는가, 즉 어떻게 겸손한 승자가 되는가 하는 점이다. 어쩌면 우리 자신이 겸손한 승자가 되는 법을 알지 못하기 때문인지도 모른다.

　겸손은 정말 필요한 덕목이다. 우리 모두에게는 겸손해야 할 이유가 많이 있다. 누구도 이 세상에 스스로 태어난 사람은 없으며, 누구도 혼자 힘으로 살아남거나 성공할 수 없다. 진정으로 겸손한 사람은 자신의 성공이 많은 다른 이의 덕분이라는 것을 인정한다. 그런 사람은 이 세상을 떠날 때에도 외롭지 않을 것이다. 왜냐하면, 그는 다른 사람의 소중함을 깨달았기 때문이다. 나는 여러분이 매일 더불어 살 만한 사람이 되기를 기원한다.

행동 계단

- 나는 오늘 나의 성공을 도와준 분들께 감사드리며 그분들과 좋은 것을 나눌 것이다.
- 나는 오늘 신께 나의 성공에 대해 감사할 것이다. 진정 모든 좋은 것은 그분의 은혜이다.
- 나는 오늘 _____ 할 것이다.

*

누가 공로를 차지할 것인가의 다툼이 없다면, 얼마나 놀라운 성취를 이룰 수 있는지 모른다.

— 존 우든

Love

······ 엄함
Toughness

청소년 비행을 줄이고 싶은가? 그렇다면 글 읽는 법을 가르치라.

시카고 제13 교육구의 교육감인 앨리스 블레어 박사는 비행 청소년의 90퍼센트 정도가 초등학교 3학년 수준의 읽기 능력을 가지고 있다고 말한다. 그녀에 따르면 비행은 낮은 자존감에 대한 절규이다. 잘 읽지 못하는 학생들은 자신에 대한 믿음이 심각하게 부족하다.

1971년에 블레어 박사는 시카고의 조지 매니어 초등학교에 교장으로 부임했다. 고학년 학생들이 복도에서 도박을 하고 화장실에서 술을 홀짝거리며 창문 밖으로 의자를 내던지는 그런 학교였다. 그녀가 부임했을 때, 800여 명 학생 가운데 고작 3명만이 제 수준에 맞는 읽기 능력을 가지고 있었다. 블레어 박사가 부임한 지 3년 만에 50퍼센트 이상의 학생이 학력수준에 맞는 읽기 능력을 갖추게 되었다.

그녀의 교육 철학은 그녀의 책상에 붙어 있는 표어에 잘 나타나 있다. "만약 신께서 지나친 관용을 보여 주셨더라면, 십계명 대신에 열 가지 제안을 주셨을 것이다." 블레어 박사는 엄한 감독관과 자상한 어머니의 절묘한 결합이었다. 거친 학생들에게는 존경하는 법을 가르쳤고, 어린 학생들에게는 따뜻한 애정을 베풀었다. 이런 방법은 좋은 결과를 낳는다.

여러분은 사랑하는 이들에게 최상의 결과를 가져다주고 싶은가? 만약 여러분이 옳고 그른 것을 타협하지 않으면서도 따뜻한 애정을 베푼다면, 그들은 여러분을 존경하고 또한 큰 유익을 얻게 될 것이다.

행동 계단

- 나는 오늘 다른 사람에 대해 긍정적으로 이야기할 것이며, 부정적인 대화에는 참여하지 않을 것이다.
- 나는 오늘 _____ 할 것이다.

*

지나친 관대함은 의무 태만이다.

······ 감사
Appreciation

테네시 주 하원의원인 에드 존스는 자신의 농수산부 위원회 의정 활동에 대해 불평을 늘어놓았던 도시에 사는 한 여인에 대해서 말한다. "농업이 우리랑 무슨 상관이 있죠? 필요한 식료품은 다 슈퍼마켓에 있잖아요!"

물론 그 말을 한 당사자도 자기의 불평이 말이 안 된다는 사실을 인정할 것이다. 그녀는 단지 자기의 관심사에만 너무 사로잡혀 있었을 뿐이다. 하지만 우리는 모두 다 남의 문제는 외면하고 자기의 문제만 보는 경향이 있다.

우리는 모두 상호 의존적으로 살아가고 있다. 아침에 먹었던 달걀을 생각해 보라. 가게는 달걀을 팔았으며 트럭은 달걀을 운반했고 양계업자는 달걀을 포장했으며 암탉은 달걀을 낳았다. 그 과정에서 많은 사람들이 함께 일했다. 닭의 모이는 또 다른 농부가 기른 것이며, 그 농부의 농기구는 여러 사람을 고용해서 농기구 제작업자가 만든 것이다. 달걀을 운반한 트럭의 연료는 또 다른 사람들이 원유를 정제하고 운반한 것이다. 이런 상호 의존적 관계는 거의 무한하게 이어질 수 있는 것이다.

우리는 모두 많은 분들에게 빚을 지고 있다. 부모님, 선생님, 친구들, 배우자 등등 그 목록은 길기만 하다. 아무도 혼자 살아갈 수는 없다. 우리의 인생 경륜이 깊어질수록 각자의 영향력도 커져가지만, 그만큼 다른 사람에 대한 의존성도 커져가는 것이다. 식료품만 생각해 보아도 알 수 있다.

행동 계단

- 나는 오늘 주위 분들에게 더욱 감사할 것이며, 최대한 많이 감사의 마음을 표현할 것이다.
- 나는 오늘 특별히 _____ 께 깊은 감사의 마음을 표현할 것이다.
- 나는 오늘 _____ 할 것이다.

＊

우리에게 주어진 것에 대해 감사하는 것이 올바른 삶의 절반이다.

...... 젊음
Youth

다음과 같은 말을 자주 들어보았는가? "요즘 아이들은 더 이상 부모에게 순종하지 않으며, 음식을 게걸스럽게 먹어 치운다." 심각하게 들리지 않는가? 오늘날 젊은이들에게 대해 매우 부정적으로 생각하는 분들이 많다. 하지만 일단 위의 진술이 사실은 4천 년 전 나일 계곡에 기록된 말이라는 것을 먼저 밝히고 싶다.

태초부터 자기 세대가 역사상 최악의 세대라고 생각하는 사람들이 있었다. 오늘날 우리나라에는 미래가 없다고 믿는 사람들이 있다. 나 역시 60~70년대에는 그런 부정적인 생각 때문에 고통을 겪은 적이 있다. 나는 미국이 전통적인 가치를 잃어버리고 이제 급전직하의 위기에 처한 것이 아닌지 염려했다.

다행히도, 이제 우리 사회의 전반적인 경향은 삶에 대해 보다 건전하고 건강한 태도로 다시 바뀌어가고 있다. 부모 세대가 자녀에게 존경심과 훈육을 가르치고 많은 사랑을 부어 줄 때, 우리의 젊은이들은 보다 생산적인 삶을 살 수 있을 것이다. 나는 오늘날의 젊은이가 총명하고 명석하며 훈육과 책임감을 충분히 배울 수 있다고 믿는다. 그래야만 그들이 자라서 이 나라의 경제와 정치를 책임지고, 다음 세대에게 보다 나은 미래를 전해 줄 수 있을 것이다.

행동 계단

- 나는 오늘 마주치게 되는 젊은이들에게서 좋은 점을 찾아볼 것이며, 훈육과 책임감에 대한 생각을 나눔으로써 도움을 줄 것이다.
- 나는 오늘 _____ 할 것이다.

*

나라의 젊은이는 후세의 후견인이다.

— 벤저민 디즈레일리

⋯⋯ 친절
Kindness

친절과 연민의 손길이 피넬 박사의 생명을 구했다. 다음은 그 이야기다.

무대는 18세기 프랑스의 수도 파리다. 셰비뉴라는 사람이 아무 죄도 없이 감옥으로 끌려가고 있었다. 그의 마음은 이미 무너졌고, 그가 끌려가는 모습을 지켜보는 사람들의 시선에 완전히 주눅이 들어 있었다. 그를 태운 호송마차가 한 아파트의 창문 아래를 지나갈 때 필리페 피넬이라는 의사가 그를 쳐다보았다. 피넬 박사는 절망에 가득 찬 셰비뉴의 눈빛에 충격을 받았다.

수년 후에 피넬 박사는 정신 질환 치료에 선구적인 업적을 이루게 되었고 명성을 얻게 되었다. 그는 나중에 셰비뉴가 입원했던 병원의 원장이 되었고, 독방에 갇혀있던 셰비뉴를 석방시켰다.

하지만 의료계는 피넬 박사의 새로운 치료법에 지속적으로 반기를 들었고, 급기야는 그는 테러를 당하기에 이르렀다. 그때 군중 속에서 한 사람이 피넬 박사를 구해내서 안전한 곳으로 데려갔다. 목숨을 구한 박사는 "당신이 나를 살렸소"라고 감사의 말을 건넸다. 그러자 그 사람은 미소를 지으며 다음과 같이 대답했다. "2년 전에 저는 쇠사슬에 묶여 독방에 갇혀 있었어요. 선생님이 저를 석방시켜 주셨지요. 제 이름은 셰비뉴입니다." 정말 물 위에 던진 떡을 되찾은 이야기다(『전도서』 11:1 – 옮긴이). 그렇지 않은가?

당장 되갚을 능력이 없는 사람에게 호의를 베푸는 것이야말로 진정한 사랑의 행위이다. 사랑으로 옳다고 생각하는 일을 하면, 결국 좋은 결과가 되돌아올 것이다!

행동 계단
- 나는 오늘 만나는 사람들에게 친절과 연민의 손길을 건넬 것이다.
- 나는 오늘 _____ 할 것이다.

*

친절이란 대가 없이 주는 사랑이다.

······ 훈육
Discipline

　부모가 자녀를 훈육하지 않는 이유는 낮은 자존감 때문이다. 자존감
이 낮은 부모는 자녀 훈육을 꺼려하는 경향이 있다. 보통 관용이라는 가
면을 쓰고 다음과 같이 말한다. "나는 우리 아이를 너무나 사랑하기 때
문에, 아이가 원하는 대로 해 줄 수밖에 없어요."

　사실 그 부모는 아이가 부모에 대한 사랑을 거두어 버릴까 두려워하
는 것이다. 불행하게도 이런 태도는 결국 자녀에 대한 통제뿐 아니라 존
경과 사랑마저 잃어버리는 결과를 초래한다. 자녀는 이런 부모에 대해
서 믿음을 잃어버리게 되고, 결국 불안감을 느끼게 된다. 문제가 점점
심각해지면, 아이의 자존감마저 상처를 입게 된다.

　이것이 권위에 대한 존경심을 잃게 되는 시초이며, 결국 권위에 대한
반항으로 발전하게 된다. 만약 부모나 교사가 낮은 자존감의 징후를 일
찍 알아차릴 수 있다면, 문제를 미연에 방지할 수 있을 것이다. 아이들

은 행동을 통해서 "나를 보아주세요", "사랑해 주세요", "나에게 관심을 가져주세요"라고 말하고 있는 것이다.

부모와 교사들이여, 아이들을 훈육하는 것은 아이들에게 여러분이 진정한 관심을 가지고 있으며 그들이 바른길을 가도록 도와주겠다는 메시지를 보여 주는 것이다.

행동 계단

- 나는 오늘 내 주위 사람들에게 사랑의 마음으로 그들이 들어야 할 말을 해 줄 것이다.
- 나는 오늘 _____ 할 것이다.

＊

아이를 사랑하는 부모는 아이들이 원하는 것이 아니라, 아이들에게 필요한 것을 해 주는 사람이다.

······ 미움
Hate

조지아 주 오거스타의 성 요한 감리교회의 목사인 루디 베이커는 미친개에게 물린 한 여인이 미친 듯이 무언가를 휘갈겨 쓰는 모습을 본 한 의사의 이야기를 들려준다. 그 의사는 부드럽게 그녀를 안심시키면서 주사를 맞으면 광견병을 치료할 수 있기 때문에 유서를 쓸 필요가 없다고 말해 주었다. 그러자 그녀는 의사에게 다음과 같이 퉁명스럽게 말했다. "저는 지금 죽는 것을 걱정하는 게 아니에요. 그 주사를 맞기 전에 내가 물어뜯을 사람들의 명단을 적고 있는 거예요!"

그 이야기가 실화인지 지어낸 이야기인지는 모르겠지만, 다른 사람을 미워하는 것은 스스로를 파괴하는 일이다. 정신심리학적인 견지에서 볼 때, 원수를 사랑하고 원수에게 용서를 구하라는 성경의 말씀은 타당하다. 여러분에게도 최소한 부분적인 잘못은 있으며, 남에게 그것에 대해 사과하면 여러분의 마음도 편해진다. 여러분의 마음에서 미움이 사라지면, 무엇을 하든지 여러분은 훨씬 더 잘 해낼 수 있다.

행동 계단

- 나는 오늘 언쟁이 있었던 사람을 용서하고, 또 용서를 구함으로써
  마음속의 미움을 몰아낼 것이다. 그 사람은_____
  이다.
- 나는 오늘 _____ 할 것이다.

＊

현재에 산다는 것은 힘든 일이고, 미래에 산다는 것은 말도 안 되는 일이
며, 과거에 산다는 것은 불가능한 일이다.

— 짐 비숍

······ 격려
Encouragement

우렁찬 함성이 골을 성공시키거나 자유투를 성공시킬 수 있을까? 홈 코트나 홈구장이 홈팀에게 절대적으로 유리하다는 것은 증명된 사실이다. 치어리더나 관중이 실제 시합 내용을 자세히 알지 못할 수 있지만, 자기 팀 선수가 잘하는 것은 분명히 안다. 그들은 멋진 플레이에 발을 구르고 소리를 지르며 홈팀을 응원한다. 감독이나 선수 모두 팬들의 성원과 격려, 응원이 실제 경기에 크게 도움이 된다고 고백한다.

우리가 일상생활에서 이런 격려의 힘을 간과하고 잘 활용하지 못하는 것은 정말 안타까운 일이다. 남편과 아내는 서로 격려하고 응원해야 하며, 부모와 자녀 역시 서로 격려하고 응원해야 한다. 피고용인과 고용주도 마찬가지다.

이러한 태도는 사업의 생산성을 높이고 높은 이윤을 창출하며 양질의 서비스를 제공한다. 메시지는 간단하면서도 분명하다. 우리가 친구,

친척, 동료를 격려하고 응원하면, 이 나라는 더욱 살기 좋고 일할 맛 나는 나라가 될 것이다!

행동 계단

- 나는 오늘 _____ 를 응원하고 격려할 것이다.
- 나는 오늘 _____ 할 것이다.

*

사람이 있는 곳이라면 어디나 친절을 베풀 기회가 있다.

······ 고철 더미
The Scrap Heap

작업실에 다음과 같은 문구를 걸어놓은 대장장이를 알고 있다. "주님, 고철 더미가 아니라 불을 주소서."

무슨 의미일까? 대장장이는 다음과 같이 말한다. "바로 여기에다가 말의 편자를 집어넣지요. 석탄이 뜨거울수록 더 좋죠. 얼마 후에 편자를 꺼내서 모루 위에 올려놓습니다. 그리고 두드린 다음에 쇠가 충분히 단단해졌는지 확인해 봅니다. 만약 단단하면 다시 불 속에 집어넣어서 완제품을 만듭니다. 만약 강도가 약해서 휘거나 금이 가면, 고철 더미 속에 던져 버립니다." 주님, 고철 더미가 아니라 불을 주소서.

하나님은 다음과 같이 말씀하신다. "사랑하는 자들아 너희를 연단하려고 오는 이상한 일 당하는 것같이 이상히 여기지 말아라"(「베드로전서」4:12). 하나님은 우리를 연단하시기 위해 불의 심판을 허락하신다. 시험을 겪지 않은 사람은 마치 고철 더미 정도의 가치를 지닌다고 할 수 있

298

다. 하나님은 우리를 강인하게 만드시기 위해 문제를 허락하신다. 우리를 세우시기 위해 문제를 주신다.

누구도 문제를 좋아하는 사람은 없다. 직장을 잃거나 데이트할 사람이 없거나 마음 아픈 일을 당하거나 친구로부터 배신을 당하거나 사랑하는 사람의 죽음 등을 좋아하는 사람은 없다. 하지만 하나님께서 문제를 허락하시면, 우리는 그 문제 가운데서 하나님의 뜻을 찾는 것이다.

하나님은 우리를 주저앉게 하시려는 것이 아니라, 우리가 새 출발을 하도록 문제를 주시는 것이다. 하나님은 결코 우리를 좌절시키시지 않는다. 새로운 출발을 하게 하시는 것이다.

행동 계단

- 나는 오늘 나에게 일어나는 "문제" 또는 "기회"들에 담긴 목적을 찾을 것이다.
- 나는 오늘 _____ 할 것이다.

*

우리가 알거니와 하나님을 사랑하는 자 곧 그의 뜻대로 부르심을 입은 자들에게는 모든 것이 합력하여 선을 이루느니라.

— 「로마서」 8:28

······ 기도
Prayer

하나님을 믿는 사람은 남을 위해 기도하기를 주저하지 않는다. 하지만 간혹 자신을 위해 기도하는 것을 부끄러워하는 경우가 있다. 자신을 위해 기도해도 좋을까? 당연히 그렇다!

성경에서 네 가지 예를 살펴보자. 「누가복음」 18:1∼7에는 자신의 권리를 위해 재판장을 계속해서 찾아가는 한 여인의 이야기가 나온다. 처음에 들은 체도 하지 않던 재판장이 마침내 그녀의 요청을 들어준다. 예수님은 그 여인을 칭찬하시면서 제자들에게 "기도할 때 결코 낙심하지 말고 포기하지 마라"고 권면하신다. 하나님은 우리의 아버지시다. 우리 육신의 아버지도 우리에게 좋은 것을 주기를 원한다. 우리가 원하는 것을 달라고 요청하는 것을 좋아한다.

「마태복음」 7:7(산상수훈의 일부)에서 예수님은 다음과 같이 말씀하신다. "구하라 그리하면 너희에게 주실 것이요, 찾아라 그리하면 찾아낼 것이요. 문을 두드리라 그리하면 너희에게 열릴 것이니." 원하는 것이 무엇인지 먼저 파악하고 하나님께 간구하라. 기도에 장애가 되는 것은 하나님의 문제가 아니라 기도하는 사람에게 있는 문제다. 원하는 것을 종이에 기록한 다음에 하나님께 아뢰라. 만약 그 구하는 것이 적절하고 좋은 것이라면 하나님께서 문을 열고 공급해 주실 것이다.

「마태복음」 26:39에는 겟세마네 동산에서의 예수님의 고뇌가 기록되어 있다. 예수님은 동산에서 홀로 이렇게 간구하셨다. "내 아버지여 만일 할 만하시거든 이 잔을 내게서 지나가게 하옵소서." 그리고 다음과 같은 중요한 말씀을 덧붙이셨다. "그러나 나의 원대로 마시옵고 아버지의 원대로 하옵소서."

주기도문에서 예수님은 구체적인 요청을 하라고 말씀하신다. "오늘날 우리에게 일용할 양식을 주옵시고." 여러분의 모든 필요를 신 앞에 아뢰라. 그분은 여러분의 아버지이시고, 여러분의 기도를 듣기 원하신다.

행동 계단

- 나는 오늘 내가 필요한 것을 종이에 기록하고, 하나님께 도와달라고 기도할 것이다. 하나님은 그분의 시간표대로, 그분의 방식으로 기도를 들어 주실 것이다.
- 나는 오늘 _____ 할 것이다.

*

너는 마음을 다하여 여호와를 신뢰하고 네 명철을 의지하지 마라. 너는 범사에 그를 인정하라. 그리하면 네 길을 지도하시리라.

— 「잠언」 3:5~6

······부
Wealth

「마태복음」 19:24~26에서 예수님은 다음과 같이 말씀하셨다. "낙타가 바늘귀로 들어가는 것이 부자가 하나님의 나라에 들어가기보다 쉬우니라 하시니 제자들이 듣고 몹시 놀라 이르되 그렇다면 누가 구원을 얻을 수 있으리이까, 예수님은 그들을 바라보시며 이르되 사람으로는 할 수 없으나 하나님으로서는 다 하실 수 있느니라."

어떤 이는 이 구절에 나오는 "바늘귀"를 옛 예루살렘의 성벽에 있는 작은 문이라고 해석한다. 낙타가 무릎을 꿇고 겨우 통과할 수 있을 만한 작은 문이라는 말이다. 쉽게 말해서, 무척 힘들기는 하지만 불가능한 일은 아니라는 뜻이다. 하지만 그것은 이 이야기의 초점을 벗어난 해석이다. 제자들의 반응을 주목하라. 예수님은 진짜 낙타가 진짜 바늘귀로 지나가는 것을 말씀하신 것이다.

그것은 불가능한 일이다! 그것이 이 이야기의 초점이다. 낙타가 바늘귀로 지나가는 것은 불가능한 일이며, 부자든 가난한 자든 사람이 스스로 자신을 구원하는 것도 불가능한 일이다. 만약 낙타가 바늘귀로 들어가려면, 하나님께서 그렇게 해 주셔야만 한다. 사람이 구원을 얻으려면, 마찬가지로 하나님께서 그렇게 해 주셔야 한다. 바로 그것이 하나님께서 그리스도 안에서 우리에게 해 주신 일이다.

많은 사람이 스스로 하나님 앞에서 의로워지려고 노력하기 때문에 비참해진다. 그들은 교회에 다니고 헌금을 하며 선행을 베풀면 하나님 앞에서 의로울 수 있다고 생각한다. 하지만 낙타가 아무리 발버둥 쳐도 바늘귀를 지나갈 수는 없다는 것을 명심하라. 초자연적인 역사가 아니면 불가능하다. 기적이 일어나야만 한다. 우리와 하나님과의 관계도 마찬가지다. 기적적인 일이 일어나야만 한다. 그리고 실제로 기적적인 일이 일어났다. 바로 여러분을 위해서 예수 그리스도께서 오셔서, 죽으시고, 부활하신 일이다!

행동 계단

- 나는 오늘 "나 자신을 내려놓고 하나님을 받아들일 것이다."
- 나는 오늘 _____ 할 것이다.

*

하나님이 세상을 이처럼 사랑하사 독생자를 주셨으니 이는 그를 믿는 자마다 멸망하지 않고 영생을 얻게 하려 하심이라.

— 「요한복음」 3:16

······ 능력
Ability

노먼 빈센트 필(N. V. Peale) 박사는 한 가난한 가정을 방문했던 재미난 이야기를 들려준다. "남편인 빌은 처량하게 신세 한탄을 했다. 하지만 아내는 명랑하게 말했다. '하나님께서 길을 보여 주실 거예요.'

그녀는 털실로 벙어리장갑 같은 것을 만들고 있었는데, 무엇이냐고 묻자 '아, 이건 냄비를 들 때 쓰는 장갑이에요' 라고 대답했다. 그 순간 여인의 믿음에 대한 응답으로 하나님께서 한 아이디어를 내게 주셨다. 그래서 나는 '남편을 백화점으로 보내 보세요. 어쩌면 이 제품을 그들이 구매할지도 몰라요. 적어도 시도는 해 볼 수 있잖아요' 라고 제안했다.

남편 빌은 바이어를 찾아갔고 놀랍게도 대량 주문을 따냈다. 그 간단한 제품으로 새로운 사업을 시작하게 되었고, 결국 많은 사람을 고용하는 사업으로 발전했다.

빌은 이렇게 말했다. '하나님께서 냄비 드는 장갑으로 우리 기도를 들어 주신 것이 정말 재미있네요.'"

　빌의 아내 손에 들려 있던 것은 무엇이었나? 냄비 드는 장갑이었다. 하나님은 그것을 사용하셔서 한 가정을 가난과 절망으로부터 구원하셨다. 여러분의 손에 들려 있는 것은 무엇인가? 하나님은 모세에게 바로 똑같은 질문을 던지셨다. 모세는 "지팡이"라고 대답했다. 하나님은 이렇게 말씀하셨다. "네 손에 들린 그 지팡이를 이용해서 놀라운 일들을 행하여 이스라엘 백성을 구원할 것이다."

　여러분의 손에 들린 것은 무엇인가? 하나님은 똑같은 질문을 여러분에게 던지신다. 어떤 이는 이렇게 말한다. "나에게 록펠러만큼 많은 돈이 있거나 로버타 피터스(R. Peters) 같은 목소리가 있거나 아인슈타인 같은 머리가 있다면, 주님을 위해서 뭔들 못하겠어요?" 그 환상에 대한 대답은 간단하다. 만약 여러분이 자신에게 있는 것을 사용하지 않는다면, 여러분에게 없는 것이 주어진다 할지라도 사용하지 않을 것이다!

　여러분이 당장 사용할 수 있는, 여러분의 손에 있는 것은 무엇인가?

행동 계단

- 나는 오늘 하나님께서 원하시는 대로 나의 능력을 사용할 것이다.
- 나는 오늘 ＿＿＿＿＿＿＿＿＿＿＿＿＿＿＿＿＿＿ 할 것이다.

＊

다른 사람의 일을 여러분이 잘 해낼 수 있다는 생각일랑 그만두고, 여러분 자신의 일을 잘할 궁리를 해라.

— H. A. 센펠드

······ 결혼
Marriage

　함께 기도하는 커플은 헤어지지 않는다. 함께 예배하는 커플은 결혼을 유지한다. 불행히도 결혼식 때 이후로 교회에 가지 않는 커플들이 있다. 그러고는 4년 반 후에 이혼 서류를 놓고 변호사와 씨름하면서 신세를 한탄하곤 한다.

　교회에 다니는 것과 결혼 생활이 무슨 관련이 있을까? 첫째, 파탄을 방지해 준다. 교회에 함께 다니는 것은 자동차를 제조사 정비공장에 맡기는 것과 같다. 자동차를 직접 만든 사람들이 그 자동차를 최상의 상태로 유지하는 법을 가장 잘 안다. 마찬가지로 결혼이라는 제도를 만드신 분이 최상의 결혼 상태를 유지하는 법을 가장 잘 아신다. 그분의 "교범"은 성경이며, 그분의 정비공장은 교회이다.

　둘째, 여러분은 결혼을 가치 있게 여기는 사람들과 사귈 수 있다. 유명 잡지의 다음과 같은 제목을 보라. "당신 역시 그의 남편을 훔칠 수 있다!" 또는 유명 영화의 광고 문구를 보라. "첫째, 좋은 소식이 있다. 그것은 찰리가 처음으로 바람을 피웠다는 사실이다. 나쁜 소식은 그 상대가 룸메이트의 어머니라는 사실이다."

왜 바람 피우는 것이 "좋은 소식"인가? 왜 다른 사람의 남편을 훔치라고 부추기는가? 이런 결혼에 대한 공격으로부터 여러분을 보호하는 좋은 방법이 무엇일까? 여러분처럼 결혼을 고귀하게 여기는 사람들과 가까이 지내는 것이다.

셋째, 교회는 사랑의 헌신을 일깨워 준다. 예수님은 최고의 사랑에 대해서 다음과 같이 말씀하셨다. "사람이 친구를 위하여 자기 목숨을 버리면 이보다 더 큰 사랑이 없나니"(「요한복음」 15:13). 교회 안에서 설교와 성경 공부를 통해 우리는 "자기 목숨을 버리는" 사랑에는 배우자의 감정과 관심을 나의 관심과 감정보다 앞세우는 것도 포함된다는 사실을 배우게 된다. 그리스도인 친구들이 그렇게 사는 모습을 보면서 우리도 그렇게 살아야겠다는 도전을 받게 된다. 교회 안에서 우리는 사랑의 아름다움과 그 사례를 보게 되는 것이다.

사람들이 괴롭거나 절망적인 상황에서 제일 먼저 달려가는 곳이 교회라는 사실은 흥미롭다. 누구나 마음속 깊은 곳에서는 교회에 사랑이 있다는 것을 안다. 결혼 생활을 활기차게 잘 가꾸고 싶은가? 신을 그 중심에 모셔라.

행동 계단

• 나는 오늘 특별히 나의 배우자에게 좋은 말을 할 것이며, 배우자의 좋은 점에 대해서도 이야기할 것이다.

- 나는 오늘 _____ 할 것이다.

*

남편들아 아내 사랑하기를 그리스도께서 교회를 사랑하시고 그 교회를 위하여 자신을 주심 같이 하라.

—「에베소서」 5:25

······ 감사
Thankfulness

저명한 작가인 친구 닐 갤러거(N. Gallagher)가 감사에 대해 쓴 글을 최근에 읽었다. 한번 들어보자.

나는 오늘 신께 다음과 같은 것에 대해 감사드린다.

★ 내가 볼 수 있는 것

· 아름다운 무지개

· 눈송이의 작은 결정

· 황금빛 태양

· 자줏빛 석양

★ 내가 냄새 맡을 수 있는 것

· 신선한 공기

· 상큼한 레몬

· 갓 베어낸 풀냄새

· 땀띠약을 바른 아기 냄새

★ 내가 들을 수 있는 것

· 고속도로를 달리는 트럭의 경적

· 전화벨 소리

· 핫 재즈와 쿨 블루스

· 손자가 속삭이는 비밀

★ 내가 느낄 수 있는 것

· 아내의 포옹

· 매서운 추위와 격렬한 통증

· 심장 박동과 눈 깜박임

· 잎맥

★ 내가 맛볼 수 있는 것

· 멋모르고 맛본 매운 소스

· 바삭한 칩과 부드러운 요구르트

· 방금 자른 상큼한 자몽

· 감미로운 마살라 차이(masala chai, spiced tea)

나는 오늘 눈, 코, 귀, 감각, 혀에 대해 감사드린다. 이것을 통해 나는 세상의 아름다움과 신의 선하심을 알 수 있음을 감사한다.

나는 오늘 가족, 친구, 신앙 그리고 조국에 대해서 감사드린다.

나는 오늘 모든 것에 대해 감사드린다.

나는 오늘 이렇게 고백한다. "주님, 저에게 너무나 많은 것을 주셨습니다. 한 가지만 더 주세요. 감사할 줄 아는 마음을 주십시오."

정말 아름다운 생각이 아닌가? 감사의 마음을 정말 아름답게 잘 표현해 주어서 고맙네, 닐.

행동 계단

• 나는 오늘 삶의 "작은 것"에 대해서 감사의 마음을 가질 것이다.

• 나는 오늘 _____ 할 것이다.

*

범사에 우리 주 예수 그리스도의 이름으로 항상 아버지 하나님께 감사하며.

—「에베소서」 5:20

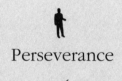

Perseverance

Attitude 태도

Choosing 선택

Courage 용기

Goals 목표

How To 방법

Love 사랑

Perseverance

인내

1라운드만 더 싸워라. 다리가 완전히 풀려서 링 중앙에서 물러서고 싶을 때, 1라운드만 더 싸워라.

팔에 힘이 다 빠져서 가드를 들어 올릴 수 없더라도, 1라운드만 더 싸워라.

코피가 흐르고 눈이 부어올라서 앞을 보기 힘들고, 차라리 상대방의 펀치를 맞고 링에 드러눕고 싶을 때라도,

1라운드만 더 버텨라. 1라운드만 더 버티는 사람은 결코 쓰러지지 않는다는 사실을 명심하라.

— 제임스 J. 코빗

Perseverance

······ 집중
Concentration

토머스 에디슨은 일생을 통해 보통 사람 열 명보다 더 큰 성취를 이루었다. 그가 현대 사회에 끼친 영향은 거의 필적할 만한 상대가 없다고 해도 과언이 아니다. 그는 축음기, 전동차, 마이크로폰, 콘크리트 건설 공법, 판금 제작기, 전신 신호기, 그리고 백열등을 발명했다.

그가 사회에 그토록 지대한 공헌을 할 수 있었던 것은 그의 어떤 특질 때문이었을까? 천재성인가? 기회를 잘 잡은 탓일까? 아니면 운명이었을까?

그 이유를 정확히 알 수는 없겠지만, 한 가지 알 수 있는 것은 토머스 에디슨이 엄청나게 열심히 일했다는 사실이다. 그는 오랜 시간 연구에 몰두했다. 또한, 그는 만족할 만한 성과를 얻을 때까지 한 가지 특정 과제에 그의 모든 혼과 몸과 마음을 쏟아 붓는 능력을 지녔다. 집중할 수 있는 능력이야말로 에디슨의 중요한 성공 비결의 하나이다. 그는 과제에 임할 때면 블라인드를 내리고 철저히 과제에만 집중했다. 과제만을 생각했고 다른 것의 방해를 철저히 차단했다. 그는 끈질긴 것으로도 유명하다. 그는 첫 백열등을 만들어 내기까지 1만 번의 실험을 했다고 알려진다.

여러분은 어떠한가? 여러분의 모든 마음과 몸과 영혼을 쏟아 부을 만한 인생의 목표가 있는가?

행동 계단

- 나는 오늘 성공을 위해 가장 중요한 과제 다섯 개를 정해서 만족할 만한 결과를 얻을 때까지 집중적으로 노력할 것이다.
- 나는 오늘 _____ 할 것이다.

＊

일은 단지 생활을 영위하기 위한 것만은 아니다. 일은 우리의 삶을 풍요롭게 하는 것이다.

— 헨리 포드

...... 희망
Hope

그는 8년 동안 단편 이야기와 기고문을 썼지만, 늘 출판사로부터 거절을 당했다. 그러나 감사하게도 그는 결코 포기하지 않았다.

해군에서 복무하는 동안 그는 엄청난 양의 보고서와 편지를 작성했다. 복무를 마치고 나서 그는 작가가 되기 위해 필사적으로 노력했다. 8년이라는 긴 시간 동안 잡지사에 원고를 보냈지만, 한 편의 글도 팔 수 없었다. 한 번은 한 편집자가 거절의 편지에 간단하게 "그래도 수고하셨어요"라고 격려의 말을 적어 보냈다. 그 젊은 작가는 감동의 눈물을 흘리며 다시 희망을 붙들었다.

그는 쉽게 포기하는 사람이 아니었다. 마침내 수년간의 노력 끝에 전 세계를 감동시킨 책을 써내게 되었다. 그 책의 제목은 『뿌리』(Roots)이다. 그렇게 알렉스 헤일리(A. Haley)는 수년간 부지런히 문을 두드린 끝에 마침내 노력의 결실을 보았고, 1970년대의 가장 성공적이며 영향력 있는 작가가 되었다.

여러분의 꿈을 향해 끈질기게 희망을 잃지 말고 열심히 노력하라. 끈기, 헌신, 희망, 각고의 노력은 그리 화려하게 들리지 않을지 모르지만, 평범한 일상을 뛰어넘어 여러분의 꿈을 이루기 위해서는 꼭 필요한 요소이다.

행동 계단

- 나는 오늘 끈질기게 희망을 품고 열심히 노력할 것이다. 그래서 내일이 되면 오늘 뿌린 씨앗의 열매를 거둘 것이다.
- 나는 오늘 ＿＿＿＿＿＿＿＿＿＿＿＿＿＿＿＿＿ 할 것이다.

*

고난의 행군을 견디어 내려면 한 번에 한 걸음만 내딛으면 된다. 그러나 발걸음을 결코 멈추어서는 안 된다.

······ 일
Work

여러분은 조국, 가족, 친구들을 떠나 낯선 나라에서 새 출발을 하는 것에 대해서 어떻게 생각하는가? 카를로스 아보레야는 20년 전 카스트로가 쿠바의 모든 은행을 국유화하자, 정든 조국을 떠날 수밖에 없었다.

1960년에 카를로스는 쿠바에서 제일 큰 은행의 고위직까지 승진 가도를 달리고 있었다. 하지만 어느 날 아침 출근하자, 모든 사유 은행들이 쿠바의 공산 정권에 의해 탈취된 것을 알게 되었다. 3주 후에 그는 아내와 어린 아들을 데리고 자유를 찾아 미국으로 떠났다.

그의 수중에는 42달러가 있었고 직장도, 아는 사람도 전혀 없었다. 마이애미의 모든 은행들을 찾아가 보았지만 일자리를 구할 수 없었다. 마침내 신발 공장의 재고 관리직을 얻어 불과 1년 반 만에 신발 공장의 매니저가 되었다. 그리고 곧 신발 공장 거래 은행에 직장을 얻게 되었고, 그 이후의 이야기는 모두가 아는 바와 같다. 카를로스 아보레야는 오늘 미국에서 가장 성공적인 은행가 중 한 명이 되었다.

신발 공장의 재고 관리직에서 마이애미 최대 은행의 은행장까지. 그것은 한 긍정적인 난민의 성공 이야기다. 여러분이 어디에서 시작하는가는 그리 중요하지 않다. 어디에서 마치는가가 중요한 것이다.

행동 계단

- 나는 오늘 내가 서 있는 바로 여기에서, 내게 주어진 것을 가지고 성공을 향한 여정을 시작할 것이다.
- 나는 오늘 _____ 할 것이다.

*

조금씩 꾸준히 노력하면 엄청난 것을 이룰 수 있다.

······ 결심
Determination

퍼트리샤 슬레이글은 5년 전에 50세의 나이로 직장을 구하고 있었다.

퍼트리샤 슬레이글은 성년의 대부분을 뉴욕 주 시러큐스에서 네 아들을 키우며 간간이 피아노 레슨을 하며 보냈다. 그러나 이혼 후에는 6년 동안 여러 직업을 전전하며 경제적으로 힘들게 살았다.

한 친구가 그녀에게 금융 쪽으로 직장을 알아보라고 권했지만, 대부분의 투자회사들은 50세의 신입사원에게 별 관심이 없었다. 그녀는 당시의 인터뷰를 이렇게 회상한다. "나는 마른 침을 삼키며, 짐짓 자신감이 충만한 것처럼 연기를 했지요." 마침내 그녀의 끈기가 결실을 맺었고, 메릴 린치가 그녀를 증권브로커로 고용했다.

새 직장과 함께 새로운 동네로 이사 가는 것은 쉽지 않은 결정이었지만, 그녀에게는 강력한 동기가 있었다. 그녀는 돈이 필요했다. 새 직장에서의 성공 또한 쉽지 않았지만, 그녀의 끈질김과 결심이 기회를 최대한 살리는 동력이 되었다. 현재 56세인 퍼트리샤 슬레이글은 억대 연봉을 번다. 각고의 노력과 용기 덕분이다.

단상: 시도하기 전까지 무엇을 해낼 수 있을지는 아무도 모른다.

질문: 여러분 자신에게도 기회를 주어야 한다고 생각하지 않는가?

행동 계단

- 나는 오늘 부지런히 일할 것이며, 성공을 위한 각고의 노력을 겁내지 않을 것이다.
- 나는 오늘 _____ 할 것이다.

*

계속 시도하라. 산이 높아 보이는 것은 골짜기에 있기 때문이다.

······ 초점
Focus

그는 네 명의 유복자 중 한 명이었다. 어머니는 아버지가 하시던 석탄 배달하는 일을 이어받으셨고, 원래 하시던 피츠버그 시내의 사무실 청소일도 병행하셨다. 그녀는 어떻게든 가정을 지켜 나가겠다고 단단히 결심했고, 그러한 결심은 아들 조니에게도 전수되었다.

조니는 피츠버그의 성 저스틴고등학교에서 풋볼을 했지만 노트르담 대학팀에 진학하지는 못했다. 체구가 너무 작다는 이유 때문이었다. 그래서 그는 대신 작은 대학팀으로 진학했다. 대학을 졸업한 후 피츠버그 스틸러스 팀에 도전했지만, 금방 방출되었다.

그는 건설 일을 하면서 아마추어 팀에 소속되어 게임당 6달러를 받으며 풋볼을 계속했다. 하지만 그는 미국프로풋볼리그(NFL)의 쿼터백이 되는 꿈을 포기하지 않았다. 조니는 리그의 모든 팀에게 간단한 내용이 담긴 편지를 보냈다. "기회를 주십시오. 트라이아웃(try-out)에 참여하고 싶습니다."

마침내 볼티모어 콜츠가 그에게 기회를 주었고, 그는 팀에 합류할 수 있었으며 곧 주전 쿼터백이 되었다. 몇 시즌 만에 그는 리그의 최고 쿼터백 중 한 사람이 되었다. 그의 확고한 의지는 팀을 우승으로 이끌었고, 이후 많은 기록을 세웠으며, 풋볼 명예의 전당에도 헌정되었다. 그 의지의 쿼터백의 이름은 조니 유나이터스(J. Unitus)다.

나는 여러분에게 전국 우승을 약속할 수는 없지만, 만약 여러분이 조니 유나이터스의 원칙을 따른다면 여러분 인생의 승자가 되리라는 것은 약속할 수 있다.

행동 계단

- 나는 오늘 특정한 임무에 내 힘을 집중할 것이며, 그 임무를 마치기까지 계속할 것이다.
- 나는 오늘 _____ 할 것이다.

*

너 자신을 믿어라, 그러면 다른 사람이 어떻게 생각하는지는 중요하지 않게 될 것이다.

— 랠프 W. 에머슨

······ 행동
Action

테레사 블루밍데일은 그 어떤 사건도 불행으로 생각하지 않는다고 말한다. 1975년 아홉 명의 아이들과 지하실에 피신해 있는 동안 토네이도가 그녀의 집을 완전히 날려버렸다. 그녀의 첫 반응은 다음과 같았다. "어차피 이사 가려고 생각했는데, 짐을 안 싸도 되겠네." 진정한 낙천주의자의 태도이다! (낙천주의자의 또 다른 정의는 신발이 다 닳아 없어져도 두 발로 서 있음을 다행으로 생각하는 사람이다.)

그것이 바로 테레사 블루밍데일의 사고방식이다. 그녀는 42세의 나이에 전업 작가가 되기로 결심했는데, 두 살에서 열네 살에 이르는 열 명의 아이를 키우고 있을 때였다. 그녀는 "당시 집에는 세 명의 미취학 아동과 개 두 마리가 늘 곁에 있었지요. 갓난아기는 무릎에 앉히고, 두 살짜리는 다리 사이에 풀어놓고 부엌 식탁에서 글을 썼지요. 두 살짜리는 그냥 내버려두면 집을 무너뜨릴 수도 있었으니까요"라고 당시를 회상했다.

테레사는 기회가 있을 때마다 글을 썼다. 많은 거절 끝에 10달러를 받고 첫 글을 팔 수 있었다. 출판사는 그녀가 쓴 3천 단어의 글 중에 한 문단만을 사용했다. 그녀는 계속해서 글을 썼고, 1977년에 첫 책을 출간할 수 있었다. 1982년에 테레사는 『맥콜』(McCall's)지의 객원 편집인이 되었다. 더블데이 사(社)는 최근에 그녀와 25만 불에 계약을 맺었다. 테레사는 토네이도를 막지 못했지만, 토네이도 역시 테레사 블루밍데일의 낙천주의를 멈추지 못했다.

행동 계단

- 나는 오늘 나의 목표를 향해 아무리 작을지라도 행동할 것이다.
- 나는 오늘 _____ 할 것이다.

*

결코 절망하지 마라. 만약 절망에 빠진다면, 절망 가운데서라도 계속 노력하라.

— 에드먼드 버크

······ 비전
Vision

펜실베이니아 주 필라델피아의 데이비드 W. 하트맨은 여덟 살 때 시력을 잃었다. 그는 의사가 되고 싶었다. 하지만 템플대학교 의과대학에 지원했을 때, 시각 장애인이 의과대학을 마친 전례가 없다는 이야기를 들어야 했다.

하지만 데이비드는 시도해 보기로 했다. 의과대학에 입학하자마자 대두된 가장 큰 장애물은 전공 서적이었다. 의학 분야에 대한 점자책은 전무했다. 필요성이 없었기 때문이었다. 게다가 한 명의 학생을 위해 점자책을 만든다는 것은 재정적으로도 어려운 일이었다. 그래서 데이비드는 맹인을 위한 녹음 협회의 문을 두드렸고, 협회는 그를 위해 25권 이상의 전공 서적을 일일이 녹음해 주었다. 데이비드는 27세에 의학 학위를 받았고, 의과대학을 졸업한 최초의 맹인 학생이 되었다.

우리는 목표가 너무 낮거나 생각이 부정적이거나 비전이 근시안적일 때가 많다. 여러분이 정말 일생을 통해 원하는 것이 무엇인가? 시력을 잃은 여덟 살짜리 소년이 의사가 되겠다는 꿈보다 여러분의 꿈과 비전이 더 불가능해 보이는가?

행동 계단

- 나는 오늘 나의 "부정적인 생각"이 내게 지운 한계를 떨쳐 버리고, 더 높은 곳을 바라볼 것이다.
- 나는 오늘 _____ 할 것이다.

*

시도해 보기 전까지는, 여러분이 무엇을 할 수 없는지 알 수 없다.

― 헨리 제임스

······ 끝까지 해내기
Follow-through

우리의 목표가 무엇이든지 간에 첫 시도에서 목표에 명중시키는 일은 좀처럼 일어나지 않는다. 포병은 전방 관측병을 운용해서 목표물을 조준한다. 숙달된 궁수는 첫 화살을 통해 풍속을 파악한 다음에 목표물을 제압한다.

사업의 성공 역시 첫 시도에 이루어지는 경우는 매우 드물다. 운동 기술은 오랜 시간의 연습과 훈련 끝에 얻어지며, 피아노나 바이올린 연주자도 수많은 시간을 연습에 투자한다.

조지아 주 애틀랜타의 스티브 브라운은 이렇게 말한다. "할 만한 가치가 있는 일은 그 일에 숙달될 때까지 잘하지 못하더라도 계속할 가치가 있다." 우리가 첫 시도에서 쉽게 능숙한 외과의사, 수준급 골퍼, 또는 아카데미 수상 연기자가 된다면 그 기술이나 성취에 대한 보상은 그리 크지 않을 것이다.

성공을 위한 여러분의 시도 역시 첫 시도에 성공할 가능성은 극히 낮다. 성공의 열쇠는 초기의 거듭된 실패에도 계속 시도하는 끈기와 용기이다. 처음의 시도를 통해서 현재 여러분의 위치를 파악하라. 실수로부터 고쳐야 할 점을 배워라. 그러면 결국에는 목표물에 명중시킬 것이다.

행동 계단

- 나는 오늘 너무 일찍 포기한 과제에 재도전할 것이며, 잘하게 될 때까지 잘하지 못하더라도 계속 도전할 것이다. 그 과제는 바로 ＿＿＿＿＿＿＿＿＿＿＿＿＿ 이다.
- 나는 오늘 ＿＿＿＿＿＿＿＿＿＿＿＿＿＿ 할 것이다.

＊

여러분이 열등감 때문에 머뭇거리는 사이에, 다른 사람은 많은 실수를 통해 앞서 나간다.

— 헨리 C. 링크

······ 실패
Failure

1958년 프랭크와 댄 카니는 대학 학자금을 갚기 위해 위치타의 식료품점 건너편에 피자 가게를 열었다. 19년 후에 프랭크와 댄 카니는 3천 1백 개에 이르는 피자헛이라는 체인을 3억 불에 팔았다.

사업을 시작하려는 이들을 위한 카니의 충고는 이상하게 들릴지도 모르겠다. "실패하는 법을 배워야 합니다." 그는 다음과 같이 설명한다. "저는 50여 개의 벤처에 관여했는데, 그중 15개 정도가 성공했습니다. 대략 30퍼센트의 성공률이죠. 하지만 여러분은 계속 시도해야 합니다. 특히 실패한 이후에 계속해야죠. 잘 나갈 때는 배우지 못합니다. 실패하는 법을 배우셔야 합니다."

카니는 피자헛이 성공할 수 있었던 까닭은 실수로부터 교훈을 얻었기 때문이라고 말한다. 오클라호마시티에서의 확장이 실패했을 때 가게의 입지와 데코의 중요성을 배웠으며, 뉴욕에서의 매출이 줄었을 때 두

툼한 크러스트를 도입했다. 지역 피자 가게가 시장을 잠식하자, 시카고 스타일 피자를 새롭게 도입했다.

카니는 실패도 많이 했지만, 그 실패를 오히려 전화위복의 계기로 삼았다. 그것이 바로 긍정적인 사고이다. 만약 여러분이 실패를 성공을 위한 징검다리로 활용한다면, 여러분은 정상에 서게 될 것이다!

행동 계단

- 나는 오늘 최대한 많이 시도할 것이며, 삼진의 위험을 감수하지 않으면 홈런을 칠 수 없다는 사실을 명심할 것이다.
- 나는 오늘 _____ 할 것이다.

*

정열과 인내가 있다면 거의 어떤 일이든지 다 해낼 수 있다.

— 시어도어 F. 머셀스

⋯⋯ 향상
Improvement

얼마 전까지만 해도 거실에서 숙제하는 것은 주로 아이들이었다. 이제는 부모들도 책과 씨름하고 있다. 10년 전의 대학생의 평균 연령은 19세였지만, 지금은 30세다. 점점 더 많은 성인들이 대학에 등록하고 있다.

손자손녀를 둔 50세의 마리안 저먼은 최근 사무직을 그만두고 심리학 공부를 시작했다. "아이들을 다 키웠어요. 이제 저의 지평을 넓힐 때가 된 것이지요." 그녀는 행복하게 말한다.

35세의 주부인 모린 프로밋츠는 병원에서 일하면서 야간 수업을 듣는다. 그는 의료 분야에서 전문 경영인이 되고 싶어 한다. 모린은 이렇게 얘기한다. "앞서 나가기 위해서는 자기 계발이 필요하지요."

이제 대학에는 점점 더 나이 든 학생들이 몰리고 있다. 평균 수명이 계속 연장되고 있으며, 여러분이 80~90대까지 살 가능성은 점점 더 커

지고 있다. 만약 여러분이 준비만 한다면, 여러분 일생의 마지막 30～
40년을 생애 최고의 시간으로 만들 수 있다. 여러분의 미래는 여러분이
만들어나가는 것이다. 10년 후에 여러분은 지금보다 열 살이 더 많아질
것이다. 문제는 여러분이 그만큼 더 나아질 것인가 하는 점이다.

행동 계단

- 나는 오늘 계속 미루고 있던 과제를 다시 시작할 것이다.
- 나는 오늘 ＿＿＿＿＿＿＿＿＿＿＿＿＿＿＿＿＿ 할 것이다.

＊

나의 관심은 미래에 있다. 왜냐하면, 내 생애의 남은 시간을 그때 보내게
될 것이기 때문이다.

— 찰스 F. 케터링

⋯⋯ 평범
Mediocrity

최근의 연구 결과에 따르면 포기가 학습된 습관이라는 사실을 보여준다. 여러분은 인내하고 버티는 법을 배울 수도 있고, 쉽게 포기하는 것을 배울 수도 있다.

지난 수년간 생물학자와 심리학자들은 우리의 심리적인 상태가 우리의 삶에 얼마나 강력한 영향을 미치는지를 연구해왔다. 존스 홉킨스대학의 연구팀은 실험실의 동물도 포기를 배운다는 사실을 발견했다. 실험용 쥐를 손으로 강하게 움켜쥐고 움직이지 못하게 하면, 마침내 쥐는 몸부림치는 것을 포기하게 된다. 그다음에 물이 채워진 수조에 쥐를 넣으면 수영할 시도도 하지 않은 채 가라앉고 만다고 한다. 그 쥐는 포기를 학습한 것이다.

물론 인간은 쥐와 다르겠지만, 우리도 생활 습관을 선택할 수 있다. 의사 친구들은 종종 환자의 죽음을 다음과 같이 표현한다. "그는 더 이상 살 목표가 없었다네." "그는 삶을 포기했다네."

다행히도 우리는 낙관적이며 희망적인 선택을 할 수 있다. 우리는 포기하지 않는 습관을 기를 수 있다. 의심과 고통, 그리고 두려움에 굴하지 않고 전진하도록 우리의 마음과 생각을 프로그래밍할 수 있다. 그 과정에서 우리는 분명히 불가능해 보이는 문제들을 극복할 수 있다. 이 책은 그러한 사례들로 가득하다. 내가 여러분에게 전하고 싶은 주요한 메시지는 이것이다. "꿋꿋이 버티어라. 그러면 우리는 정상에서 만나게 될 것이다!"

행동 계단

- 나는 오늘 진행 중인 과제를 완수함으로써 인내하는 습관을 기를 것이다.
- 나는 오늘 _____ 할 것이다.

*

인내는 평범함이라는 뜨거운 물을 성공이라는 증기로 바꾸어준다.

······ 성취
Achievement

그는 출판사나 잡지사가 글을 받아줄 때까지 9년이라는 긴 시간을 기다리며 글을 썼지만, 결코 포기하지 않았다. 덕분에 조지 버나드 쇼는 세상에서 가장 성공적인 작가 중 한 사람이 될 수 있었다.

만약 여러분이 나의 책이나 강의 녹음을 들어본 적이 있다면, 내가 끈기를 많이 강조한다는 사실을 알 것이다. 강연을 하거나 글을 쓸 때마다 나는 청중과 독자들에게 끈기의 중요성에 대해서 강조한다. 나는 우리 사회가 너무 인스턴트에 길들여지는 것이 아닌지 염려스럽다. 인스턴트 매쉬 포테이토, 인스턴트 차와 커피, 인스턴트 피자가 넘쳐나는 세상에서 이제는 성공마저 인스턴트를 기대한다.

하지만 그것은 옳지 않다. 만약 성공을 원한다면, 여러분은 끈기를 배워야 한다. 어떻게 그럴 수 있을까? 간단히 한 문장으로 요약하기는 어렵지만, 한 가지 분명한 사실은 먼저 여러분의 목적을 정의해야 한다는 것이다. 목표가 어디인지를 분명히 알고, 왜 거기에 가야 하는지를 아는 사람만이 실패에도 불구하고 계속해서 시도할 수 있다. 조지 버나드 쇼에게는 명확한 목표가 있었고, 그래서 그는 9년 동안 한결같이 출판을 기다리며 글을 쓸 수 있었다.

행동 계단

- 나는 오늘 내가 하는 일에 대해서 "왜"라는 질문을 던지며, 그 이유를 파악할 것이다.
- 나는 오늘 _____ 할 것이다.

*

여러분이 원하는 것이 무엇인지를 결정하라. 그리고 그것을 위해 희생할 수 있는 것이 무엇인지를 결정하라. 우선순위를 확립하고, 그것을 위해 노력하라.

— H. L. 헌트

······ 어려움을 극복하기
Surmounting Difficulties

절망적인 상황이란 없다. 오직 상황에 대해서 절망하는 사람이 있을 뿐이다. 케빈 폴란드의 부모는 그가 태어났을 때 하루를 넘기기 힘들 것이라는 말을 들었다. 나중에는 1년을 넘기기 힘들 것이라는 말을 들었다. 어린 케빈 폴란드에게는 포기하고 그만둘 이유가 충분했다. 하지만 다행히도 케빈의 부모는 포기라는 단어를 알지 못했다.

케빈은 열두 살 때까지 기저귀를 차고 다녔다. 그의 척추에는 앉아 있을 수 있도록 쇠막대가 박혀 있다. 감사하게도 케빈의 부모는 그를 사랑했고, 그에게 무엇이 최선인지를 알았다. 과보호를 통해 의존성을 키우는 대신에 케빈이 독립심을 키울 수 있도록 도와주었다.

케빈은 누구의 도움도 기대하지 않는 독립적인 청소년으로 잘 자라주었다. 그는 직장을 갖기 원했고, 스스로 삶을 꾸려나가기 원했다. 케빈은 17년 인생의 대부분을 휠체어에만 의존했는데, 이제 좀 더 크고 근사한 것을 얻게 되었다. 최근에 운전면허를 획득한 케빈은 특별하게 제작된 1979년형 밴을 스스로 운전할 수 있게 되었다. 이를 통해 더 큰 자유를 얻게 되었고, 그를 포기했던 사람들이 틀렸다는 것을 증명할 더 많은 기회를 얻게 되었다.

승자는 결코 포기하지 않는다는 말은 언제나 사실이다. 케빈 폴란드는 틀림없는 승자다. 같은 정신, 헌신 그리고 결심을 가진다면, 여러분도 승자가 될 것이다.

행동 계단

- 나는 오늘 어려운 상황이 발생할 때, 케빈 폴란드를 기억할 것이다.
- 나는 오늘 _____ 할 것이다.

*

인생에서 어려움을 극복하고, 성공의 계단을 한 걸음 더 나아가며, 새로운 소원을 갖고 그것을 성취해 나가는 것보다 더 큰 기쁨은 없다.

— 새뮤얼 존슨 박사

······ 운동
Exercise

그 바쁜 저술과 여행 스케줄 속에서 어떻게 운동할 시간을 내느냐고 묻는 사람들이 많다. 대답은 간단하다. 나는 해야 할 일이 너무 많아서 운동하지 않을 수가 없다! 일주일에 5일, 하루 25분씩 달림으로써 나의 에너지 수준은 급격하게 향상되었고, 덕분에 매일 2시간 정도의 생산성이 증대되는 효과를 보고 있다.

나는 내가 하는 일들을 정말 좋아하며, 가능한 한 오래 최상의 노력을 경주하기 원한다. 25분 달리기를 통해서 2시간을 얻는 것은 나로서도 남는 장사다. 또 다른 유익도 있다. 4년에 걸친 퍼듀대학의 연구 결과에 따르면, 달리기를 하는 사람의 평균 의료비용이 달리기를 하지 않는 사람에 비해 월등히 낮다고 한다. 그뿐만 아니라 운동을 하는 사람은 훨씬 정서적으로도 안정적이고 긴장 수준이 낮다고 한다.

요컨대 꾸준히 운동하는 것은 돈과 시간을 절약하는 길이며, 창조성도 향상시키는 길이다. 자, 이제 운동하고 싶은 생각이 들지 않는가?

행동 계단

- 나는 오늘 한 가지 운동을 시작할 것이다.
- 나는 오늘 _____ 할 것이다.

＊

영혼에 기도가 필요하듯이, 몸에는 운동이 필요하다.

······ 경영자
The Executive

　나는 책, 강연을 통해서 한 번도 삶이 쉽다고 말한 적이 없다. 그 말을 믿지 않기 때문이다. 나는 삶이 힘든 것이라고 믿는다! 그러나 우리가 우리 자신에 대해서 엄격해진다면, 우리의 삶은 한결 수월해질 것이다. 나는 삶이 즐겁고 신나며 보람 있는 것이라고 믿는다!

　뉴욕의 한 경영자문회사를 위한 연구기관의 연구 결과를 살펴보면, 이러한 진술을 뒷받침하는 재미있는 사실을 발견할 수 있다. 미국의 150대 주요 회사의 최고 경영진에 대한 조사에 따르면, 3분의 2 정도가 승계자의 덕목으로 자기 절제를 꼽았다. 또한, 89퍼센트가 자기 절제가 매우 중요하다고 말했다. 포기하지 않고 버티도록 자기 자신을 통제할 수 있는 의지와 능력이야말로 그들이 찾는 가장 중요한 자질이라고 말했다.

　나는 우리가 스스로에게 엄격해지면, 삶이 훨씬 더 수월해지리라고 확신한다. 이러한 격언을 잘 따른다면, 여러분 앞에 더 많은 기회의 문이 활짝 열릴 것이다.

행동 계단

- 나는 오늘 '자기 절제'를 내가 찾는 가장 중요한 자질로 꼽을 것이다.
- 나는 오늘 ＿＿＿＿＿＿＿＿＿＿＿＿＿＿＿＿ 할 것이다.

*

자기 자신을 다스리는 사람, 자기의 감정과 욕망과 두려움을 다스리는 사람은 왕보다 낫다.

Perseverance

······ 어중간한 노력
Half-Hearted Effort

나는 어린 시절 친구들과 함께 근처 냇가의 나무에서 다이빙을 하며 여름철을 나곤 했다. 몇몇 친구들이 누구나 따라 하고 싶을 만한 멋진 다이빙을 생각해 냈는데, 앞으로 완전히 한 바퀴를 회전한 다음 입수하는 것이었다. 이 다이빙을 하기 위해서는 양단간에 결단을 내려야 했다. 어중간하게 시도하다가는 영락없이 배치기를 할 수밖에 없기 때문이었다.

이러한 원리는 삶의 거의 모든 영역에 적용될 수 있다. 우리의 헌신이 어중간하다면, 우리는 결코 성공할 수 없다. 일이 힘들어지고 더 많은 노력이 필요해질 때 그것을 채워줄 수 없기 때문이다. 여러분이 그저 집적거리면서 한번 해 보자는 식으로 대충한다면, 결과는 보나마나 배치기일 수밖에 없다.

성공과 행복이라는 게임은 도 아니면 모다. 전적인 헌신만이 성공의 열쇠이다. 그러므로 여러분의 전부를 던져라. 성공과 실패의 차이는 어중간한 노력과 전적인 헌신의 차이이다.

행동 계단

- 나는 오늘 헌신이야말로 목표를 이루기 위한 주요한 열쇠임을 명심할 것이다.
- 나는 오늘 _____ 할 것이다.

*

여러분은 오늘 미룬다고 해서 내일의 책임으로부터 도망칠 수는 없다.

— 에이브러햄 링컨

······ 작은 일들
The Little Things

은퇴한 지 몇 년 후 인터뷰 가운데 타이 콥(Ty Cobb)은 왜 1루에만 진출하면 긴장하는지에 대해서 질문을 받았다. 디트로이트 팀의 위대한 야구 선수는 정색하며 결코 긴장한 적이 없다고 대답했다. 분위기를 좀 누그러뜨리고 싶었던 리포터는 농담처럼 되물었다. "콥 씨, 1루에만 진출하면 투수가 투구 동작을 취할 때까지 1루 베이스를 계속 차는 모습을 보았습니다. 긴장하신 탓이 아닌가요? 설명해 주시죠."

타이 콥은 그를 쳐다보고 미소를 지으며 대답했다. "잘 들어보세요. 저는 1루에 진출했을 때 결코 긴장하지 않았습니다. 경력 초기에 한 가지 발견한 사실이 있지요. 1루 베이스를 계속 차면 2루 쪽으로 2인치 정도 움직입니다. 2루로 도루하는 데 그만큼 유리하게 되는 거지요. 아시겠습니까?"

루 브로크(L. Brock)가 기록을 경신할 때까지 거의 반세기 동안 타이 콥이 도루 부문의 기록 보유자였다는 사실이 결코 놀랍지 않다. 그렇다. 야구에서뿐 아니라 인생에서도 작은 것들이 큰 차이를 가져온다.

행동 계단

- 나는 오늘 나에게 주어진 어떤 기회라도 최대한 소중히 여길 것이다.
- 나는 오늘 _____ 할 것이다.

*

운이란 기회를 포착하는 감각과 그것을 활용할 줄 아는 능력이다.

······ 은퇴
Retirement

　몇몇 주요 산업의 조사에 의하면 65세 노동인구의 절반가량이 현직에 머무르는 것으로 나타난다. 거기에는 다양한 이유가 있겠지만, 한 가지 가능성은 관리자들이 그들의 경험과 경륜의 가치를 인식하기 시작했기 때문일 것이다. 에드윈 밀러의 책『인적 자원 관리론』(*Management of Humans Resources*)에 따르면, 창의적인 활동이 가장 저조한 연령대는 21세에서 50세까지이다. 50세 이후부터 창의적인 활동이 오히려 증가하는 추세를 보인다.

　판매 부서를 예로 들면, 최고 실적은 55세가 되어야 이루어진다. 나이 많은 사원들이 능력이 있고 믿을 만한 까닭은 다년간 많은 고객들을 상대한 경험 때문이다. 관리자들은 나이 많은 사원들의 가치를 인식해야 한다. 만약 여러분이 55세 이상의 연령 그룹에 속한다면, 여러분의 가장 창조적인 시기가 이제부터 시작이라는 것을 깨달아야 한다.

또한 여러분이 한 가지 직종에서 은퇴할 수밖에 없다고 할지라도, 여러분에게는 시장이 필요로 하는 많은 경험과 지혜가 있다. 인내하고 견디라. 인생의 절정기는 지금부터다!

행동 계단

- 나는 오늘 나의 나이에도 불구하고, 인생의 절정기는 지금부터라는 것을 명심할 것이다.
- 나는 오늘 _____ 할 것이다.

*

나이란 수술을 통해 감추어야 할 것이 아니다. 오히려 세상은 주름살을 경험과 인격의 흔적으로 우러러보아야 할 것이다.

— 랠프 B. 페리

⋯⋯ 승자의 강점
The Winner's Edge

『승자의 강점』*(The Winner's Edge)* 은 왠지 멋진 책 제목처럼 들리지 않는 가? 사실 그렇다. 밥 오츠 주니어는 승리와 패배를 가르는 신비한 차이에 관한 의견과 단상을 모아서 책으로 엮었다.

O. J. 심슨은 "승자가 되기 위해서는 연단이 필요하다. 연단이란 쉽게 말해서 자기를 아는 것이다"라고 말했다. 미국프로풋볼 올스타 선수인 댄 디어도프도 이에 동의했다. "나 자신을 먼저 알아야 한다. 다른 선수에 대해서는 신경 쓰지 않는다. 내 기술이 완벽하다면, 내가 이길 수밖에 없다."

어떤 사업에든지 적용될 수 있는 좋은 태도가 아닌가? 로저 스토바크는 준비에서 비롯된 자신감이 승리의 비결이라고 믿는다. "플레이오프 게임의 마지막 2분에서 가질 수 있는 자신감은 며칠, 몇 주, 몇 달, 심지어는 몇 년의 고된 훈련의 결과이다."

이런 승리의 원리가 우리의 사업이나 개인적인 생활에 적용될 수 있다는 사실이 흥미롭지 않은가? 여러분도 이런 승리의 원리를 여러분의 삶에 적용할 수 있을 것이다. 그러면 여러분도 승자의 강점을 갖게 될 것이며, 더욱 큰 승리를 경험하게 될 것이다!

행동 계단

- 나는 오늘 나 자신을 먼저 파악할 것이며, 나의 기술에 집중할 것이다. 나 자신을 잘 가꾼다면, 패배하지 않는다는 사실을 명심할 것이다.
- 나는 오늘 _____ 할 것이다.

＊

한 사람의 진정한 인품은 아무도 보지 않을 때의 그 사람의 행동을 통해서 알 수 있다.